薄井 寛 著

歴史教科書の日米欧比較

食料難、移民、原爆投下の
記述がなぜこれほど違うのか

筑波書房

まえがき

一九九〇年代の終わり頃、イギリスの歴史教科書に目を通す機会があった。『二〇世紀』と題した高校教科書が解説する、日本の中国侵略の次のような記述が目にとまった。「満州には日本の工業にとって有益な資源がある。増え続ける人口のための土地が存在する。日本国内の深刻化する問題を解決するために、なぜ満州を侵略しないのか。多くの日本軍幹部は、政府が決断できないのは政治家があまりに軟弱で生ぬるいからだと考え、自分たちで行動を起こすしかないと決断した」(1)。

日本の高校教科書は満州事変をどう書いているのか。何冊かを調べてみても、人口増や資源収奪の問題に関する記述は見当たらず、イギリスの教科書との違いに驚かされた。これが、欧米諸国と日本の歴史教科書の比較研究に取り組むきっかけであった。アメリカやイギリス、ドイツなどの歴史教科書へ調査の範囲をひろげるにつれ、欧米諸国の教科書が持つ特徴や日本との違いが見えてくる。その違いの背景に何があるのか。それを確かめるため、二〇一四年五月、ドイツ北部のブラウンシュバイク市にあるゲオルク・エッカート国際教科書研究所を訪れた。同研究所の図書館へ五週間ほど通い、欧米諸国における歴史教科書の変遷を調べるとともに、歴史教科書の国際的な比較について考えた。

歴史教科書には、各国の歩んできた歴史が反映され、それぞれ特徴と違いがある。そのため、これらを比較・分析するには各国の共通した歴史の部分を切り口にして、その特徴と違いを浮き彫りにする必要があり、本書をまとめるにあたっては、二度の世界大戦における戦中・戦後の食料難と、移民送出という二つの切り口を選択することとした。

それは二つの疑問でもあった。ヨーロッパ諸国の教科書が食料難と移民の歴史を詳述する一方で、日本の教科書はなぜ食料難の歴史を略述し、移民の歴史をほとんど無視してきたのか。もう一つは、先人たちが経験した食料難と移民の歴史を今の青少年へ語り継ぐことに、なぜヨーロッパ諸国は教育的な価値を見出し、日本はその価値を軽視するのか、という疑問であった。換言すれば、時の支配者にだまされ、塗炭の苦しみを強いられた人びとの歴史が、日本の教科書のなかで薄められ、消されていく。そのことに強い疑念を抱いたのが、「二つの切り口」を選んだ理由であった。

食料難と移民の問題は過去の事象ではない。今日においても、世界に激変をもたらす奔流の源である。二〇一〇〜一一年にチュニジアやエジプトで起こった「アラブの春」の民主化運動は近隣のアラブ諸国へひろがり、シリア内戦の泥沼化へつながって今日にいたるが、その裏側には農業崩壊の危機があり、それが移民増の源流となってきた。

「アラブの春」の発端はパンの大幅な値上がりにあった。輸入小麦の高騰によってエジプトなどの大都市でパンの価格が二倍にはね上がり、反発した市民のデモが政権打倒の運動にまで発展したのだ。多くのアラブ諸国では、灌漑施設の未整備や干ばつの頻発、輸入食料への安易な依存政策などのさまざまな要因によって国内農業が後退し、今では半分以上の食料を輸入に依存する。それに、年率二％超の人口増と都市の膨張が事態を悪化させた。エジプト・カイロの首都圏では、一九九〇〜二〇一五年の間に人口が九九〇万人から一八八〇万人へ倍増し、近年の失業率は政府発表でも一二〜一三％台に張りついたままだ。

小規模な国内農業が安価な輸入農産物との競争に敗れ、離農した貧民の継続的な都市への流入が移民や難民を押し出していく。未発達な国内産業が離農者を吸収できないからだ。二〇一五年から一六年、シリア内戦が激化するなか、中近東や北アフリカの地域から数百万人もの難民がドイツやアメリカなどの欧米諸国へ押し寄せたが、似たような事態が一〇〇年ほど前に起きている。二〇世紀の初め、東欧や南欧の諸国から一三〇〇万人を超える移民がアメリカへ渡ったのだ。先に移住し豊かな生活を築き上げていた白人たちは、膨大な数の新移民の到来とカリフォルニア州などでの日本人移民の増加に危機感をいだき、議会に一九二四年移民法（排日移民法）を制定させて、その流入を制限した。

それから一〇〇年近くがたった今日、同様の議論がEU離脱の是非を問うイギリスの国民投票へ影響をおよぼした。離脱支持者が声高に主張した移民反対のプロパガンダが功を奏し、イギリスは二〇一六年六月二三日、EU離脱を決めた。ヨーロッパの移民問題は同年一一月八日のアメリカ大統領選へ飛び火し、その結果が移民排斥をとなえるEU諸国の極右政党を勢いづかせてしまった。

連鎖反応の引き金をひいたドナルド・トランプ大統領は、「イスラム教徒を入国禁止する」などと主張して、白人労働者の広範な支持をえるのに成功した。二〇一六年一一月一〇日付けの英字紙ジャパン・タイムズ（電子版）(2)によると、「選挙結果に怒りを覚え、ショックを受けた」とするニューヨーク市の日系女性（二一歳）は、「トランプを勝たせてしまったことで、かれの女性嫌悪や人種差別をアメリカの社会が当たり前のこととして受け入れてしまうのが怖い」と述べた。「いまや恐怖のまっただなかにいるのは、黒人や私たちのようなマイノリティだ。ヘイト・スピーチを浴びせられるようなことが、すでに起きている」と、サンフランシスコ在住の日系男性（四七歳）は不安を隠さない。

一方、私たち日本人は、トランプ候補の選挙キャンペーンに耳目を属したが、「メキシコ国境に壁を作る」といった発言に気をとられるあまり、一二〇万人を超す日系アメリカ人の多くが同候補の主張に反発し、人種差別の高まりにおびえていたことに、思いを寄せることはなかった。そればかりか、同胞たちがマイノリティとしてアメリカの社会で生活していることさえ、私たちの日常の意識のなかから消えかけている。これは、日本の移民送出とその背景について、私たちが十分な知識と歴史認識を持ち合わせていないからだ。そもそも歴史の授業が、アメリカ・ブラジルなどへの移民や満蒙開拓青少年義勇軍、そして中国残留孤児問題など、権力者にだまされて海を渡り、辛苦をきわめた日本人の移民史をしっかりと教えていないのである。

本書は、第一章と第二章で、戦中・戦後の食料難と移民送出に関する日米欧諸国の歴史教科書の記述を比較しながら、これらの歴史を振り返る。そこでは、第一次世界大戦の敗北をドイツにもたらした「飢餓の冬」と第二次大戦とをむすびつけてしまった、ドイツ国民の飢えへの怨念や、ドイツの戦時食料収奪計画の失敗と「ユダヤ人問題の最終的解決」、日米開戦の遠因の一つともなったアメリカ排日移民法の制定と日本の満州開拓移民へのつながり、それに、多数の餓死者まで出した戦後日本の食料危機などに着目する。第三章では、日本人の移民や広島・長崎への原爆投下などに関する日米両国の歴史教科書の記述に、著しい差がある実態に光を当て、第四章では、支配者側にとって不都合な事象をそぎ落としてきた日本の歴史教科書の課題について考える。

教科書の比較・分析にあたっては、欧米諸国で二〇一四年に使用されていた高校・中学の歴史教科書と、同年度に日本の高校普通科で五〇％以上の生徒が履修した『日本史B』の教科書を、その主な対象とした。ヨーロッパ諸国の中学教科書も対象としたのは、中学校で自国の通史を学び、高校では「二度の世界大戦」や「アメリカ現代史」などの特定分野について学習を深めるケースが少なくないという、ヨーロッパ諸国の歴史教育の実態をふまえたためである。

本書の執筆には、多くの方々の助言と支援をたまわった。ドイツのゲオルク・エッカート国際教科書研究所では、附属図書館のクリスティアーネ・クラエス氏をはじめ、同館で学ぶ諸外国の研究者からも指導をいただいた。在ワシントンの弁護士ウイリアム・ダバギ氏とロジャー・アルビー氏からは、最新の情報収集などで支援をうけた。また、教科書研究センター附属教科書図書館や教育図書館（日本教育会館附設）、それに多くの公立図書館の助けを借りた。ここに深く感謝申し上げる。

なお、引用した海外の教科書や未翻訳文献の邦文書名はすべて筆者の仮訳であり、引用文中のカッコ内は筆者の補足メモであることを申し添える。

二〇一七年三月二二日

薄井　寛

（まえがきの主な参考・引用文献）

（1）John Hamer（1982）, *History in The Making 5, The Twentieth Century*, Macmillan Education Ltd., London, p.128.

（2）The Japan Times（2016）, *President Trump: Japanese-Americans, Japanese in U.S. weigh in*, November 10, 2016　のサイトより
（www.japantimes.co.jp/news/2016/11/10/national/japanese-americans-japanese-u-s-concerned-trumps-election）（二〇一七年一月五日閲覧）

目次

第一章　戦争と食料難――飢餓を忘れる日本、忘れないヨーロッパの歴史教科書

1　二度の大戦をつないだ飢餓への怨念

ドイツの歴史教科書には、「飢餓の冬《フンガー・ヴィンター》」が二度登場する。第一次大戦敗北前の食料危機と第二次大戦後の食料難である。飼料用のカブラ（かぶはぼたん）が主食のかわりとなった最初の「飢餓の冬」は、「カブラの冬」と今に伝わる。高校の歴史教科書『発見と理解』は次のように解説する。「イギリスの海上封鎖によって、ドイツでは重要資源の海洋からの輸入が止まり、食料も例外ではなくなった。……キップ制度による配給が一九一五年一月から始まったが、キップはあっても買えないことがしばしば起こる。こうしたなか、それまでは家畜の餌であったカブラが、パン用粉の増量材やジャガイモのかわりとして、貴重な食料となった。多くの人びとが深刻な飢えに苦しんだ。特に、貧しい人びとや病人、高齢者などは、乏しい配給の他に食料をえることができない。このため、一九一四～一八年、栄養失調による死亡者は七〇万人を超えた」(1)（一九一八年ドイツ政府は、海上封鎖による疾病・栄養失調の死亡者数を七六万二七三六人と発表した）(2)。

また、高校教科書『歴史の討論会』には、「配給の量は不十分で、人びとは自分自身で食べ物を確保

しなければならなかった。多くの都市住民は、菜園（クラインガルテン）や窓際の部屋で野菜とジャガイモを作り、家のなかで鶏やうさぎ、豚を飼うものも少なくなかった」(3)とある。なお、「カブラの冬」の一九一六年一二月から翌年の二月、ベルリンの平均気温は零下一・三度、過去三〇年の平均〇・一一度を一・四度以上下回った(4)。厳しい寒さが犠牲者を増やす大きな要因にもなったのである。

第一次大戦前から穀物輸入国に転落していたドイツ

一九一四年六月、オーストリア・ハンガリー帝国（以下、オーストリアという）のフェルディナント大公夫妻が南部ボスニアのサラエボで、セルビア人の民族組織の学生に射殺され、これが誘因となって同年七月、第一次世界大戦は勃発した。オーストリアに併合されたボスニア・ヘルツェゴビナ地方のセルビア人（南スラヴ族）は、隣国セルビアへの統合を望み、セルビアとロシアがこれを支持した。一方、バルカン半島への南下をもくろむロシアに対し、同半島から近東地域での利権拡大をねらうドイツは反発した。他方、経済力に衰えが見え始めたイギリスはドイツの大国化を警戒するが、一国だけでドイツを封じ込めるのは困難と判断し、〇七年までにフランス・ロシアとの三国協商を締結していた。

大戦前の一九一三年の時点で、ドイツは世界の工業生産の一四・八％を占め、アメリカの三二・〇％にはおよばなかったものの、イギリスの一三・六％を抜いていた。経済成長と医療の発展により、一八五〇年の人口三五〇〇万人は一九一四年に六七八〇万人へ達し、イギリスの三七〇〇万人、フランスの三三〇〇万人を大きく上回った。しかし、ドイツ農業は急増する食料需要を満たせない。一八八〇年代にドイツは穀物の純輸入国に転落し、ロシアとアメリカから輸入を増やした。また、経済成長と並行して畜産・酪農製品の消費が増え、飼料穀物をふくむ穀物全体の輸入量は、一八六〇～六四年期の年平均五三万トンが、大戦前の一九〇八～一三年期には一二倍以上の六八〇万トンに達していた。

開戦四カ月後の一九一四年一一月、イギリスは、艦船が接触すると爆発する機雷を北海に敷設し、同海域を封鎖すると宣言した。ドイツの食料輸入を全面的に阻止するためだ。兵糧攻めはドイツに深刻な打撃を与えた。「戦前からドイツは、食料総需要のほぼ三分の一を輸入に依存していた。……パン用穀物では需要の一〇％しか輸入に頼っていなかったが、酪農製品は五〇％、鶏卵三五％、植物性油脂は一〇〇％近く海外から購入していた。それに、年間四〇〇万トン以上の飼料穀物の供給を（敵側に回った）ロシアに依存していたのだ」(5)。このため、開戦直後に敵国からの農産物輸入はすべて止まり、アメリカなど中立国からの輸入はイギリスの海上封鎖で激減した。

封鎖の二年目、一九一五年に入ると、戦争の長期化に危機感をいだいたドイツはようやく食料の配給に踏みきった。しかし、国民への食料供給は安定せず、一六年の冷夏と秋の長雨が事態を悪化させた。頼みのジャガイモは疫病被害で前年比五四％減の凶作となり、小麦も二二％減った。一六年末から一七年初め、食料不足は全国へ拡大し、極寒と飢えの「カブラの冬」が民衆と兵士を襲ったのである。

ドイツの歴史教科書はこの事態をさまざまな角度から解説する。高校教科書の『過去への旅』はこう記す。「月日がたつにつれ配給は減り、しばしば停止した。こうした事態にジャガイモと穀物の凶作が追い打ちをかけ、一九一六年から一七年にかけて飢餓の冬が到来する。毎日の食料は家畜の餌のカブラにとってかわった。〝カブラのスープ〟、〝カブラのママレード〟、〝カブラのコーヒー〟が主な食料になったのだ。……栄養失調で人びとは体重の二〇％を失った。……多くの資源も欠乏した。植物油はサクランボなどの種からしぼり、軍需工場では革製ベルトの代用品に女性の髪の毛を使った。だが、これらの代用資源が欠乏の緩和につながることはなかった」(6)。

また、前出の『発見と理解』は女子生徒の次のような日記をのせる。「パンと小麦粉がたらない。他の食べものも同じだ。コーヒーの代用品の一週間の配給は一人当たり半ポンド（二二六グラム）。マーガリンも半ポンドだ。バターは一二五グラム。オート麦のフレークや引き割りの大麦の配給はときどきしかない。それに、食料品の蓄えがなくなれば、店の前で何時間も待たねばならず、買えないときもあった」(7)。

一九一五〜一六年の冬期、食料の配給は全体で平時の消費量の六〇％、小麦粉は一日一人二〇〇グラム（四枚切りの食パン九〇グラムの二枚強）へ減った。その一年後の「カブラの冬」には、平均的なカロリー摂取量が一日当り一二〇〇キロカロリー、前線の兵士も二二〇〇キロカロリーへ低下した（戦前は三〇〇〇キロカロリー）(8)。

五六〇万人の男性農業就業者の半分近くが軍隊に召集され、農機具や肥料の工場は軍需工場へ転換された。肥料原料の輸入も止まり、窒素とリン酸の投入量は半減する。それに一〇〇万頭以上の農耕馬が軍に徴用された。生産手段の多くを失ったドイツの農民たちは、食料の生産減を食い止めることができなくなった。

イギリス海軍の北海機雷封鎖は無差別攻撃で、国際法違反だと反発したドイツは一九一五年二月、報復措置として無制限潜水艦攻撃の実施を宣言した。イギリス海域を航行するあらゆる国の船舶を、潜水艦（Uボート）が攻撃対象とする。自国が飢えで破たんする前に、イギリスを飢餓で屈服させる。ドイツはその勝負に出たのだ。アメリカの参戦を恐れたドイツはその後、無制限潜水艦攻撃を一時停止した。しかし、一九一七年二月、アメリカ参戦前の決着をあせるあまり、同攻撃を再開し、これがアメリカ国民の反ドイツ感情に火をつけて同年四月、アメリカは参戦を決断した。その直後から、アメリカは対独穀物輸出を全面的に停止する。ドイツの食料事情が破局へむかうのは、これで決定的となった。

イギリスの食料危機とドイツのUボート攻撃

島国のイギリスにとって、潜水艦攻撃によるドイツの兵糧攻めは重大な脅威となった。一八七〇年代以降、食料の輸入増によって国内農業が衰退へ転じたイギリスでは、穀物の作付面積の二六％が牧草地などへ転換され、一八七〇〜一九一〇年の間に小麦の自給率が六〇％から二〇％へ落ち込んでいたからだ。

そのうえ、戦時食料体制を構築するために、イギリスは何の準備もしていなかった。一九一五年の夏以降、ドイツのUボート攻撃による輸入の激減で小麦価格は高騰したが、それでも政府は対策を講じない。市場への不介入こそが最善の策だ。市場価格の上昇に応じて、生産はおのずと増えてくる。楽観論が政府と軍部の両方を支配していた。

ようやく対策が始まるのは、ロイド・ジョージ首相の戦時内閣が誕生した一九一六年一二月からだ。プロセロ新農相は穀物の最低価格の保証、牧草地の耕地転換支援、農業労働者の賃金引き上げなどの小麦増産対策を矢継ぎ早に実施した。それでも、事態は切迫していく。Uボート攻撃で穀物輸入は半減し、一六年一二月に一四週間分あった小麦在庫が一七年四月に九週間分、一二月には六週間分にまで落ち込んだ。六カ月分の平時の備蓄がその四分の一を大きく割り込んだのである。

イギリスの教科書はさまざまな資料を使い、食料不足の実態を浮き彫りにする。「ドイツ海軍の攻撃で食料輸入が減少し、備蓄がたったの六週間分に減ったため、国民が食料を確実に分け合うことができるよう、政府は（一九一七年一二月から）配給制度を導入した」。このように述べる中学の教科書『二〇世紀の歴史の学習』は、一八年における一人当たり一週間分の配給量を図で示し、その分量の少なさを強調する（食肉五六七グラム、ベーコン二二六グラム、バター一四一グラム、砂糖二二六グラム）(9)。

中学教科書『発展する歴史――一九〇一年から現在まで』は、九六歳の女性（一七年当時一一歳）が書いた回想記をのせる。「ひどい飢餓の時代だった。母親がタンポポの葉をはさんでサンドイッチを作ってくれたのを思い出す。祖母や母、弟といっしょに外に出てカブラの葉をつみ、家へ帰ってジャガイモと煮て、次にマーガリンを入れてつぶして食べる。これが日曜日の夕食だった」(10)。

厭戦《えんせん》気分と敗北をもたらしたドイツの食料難

一方、ドイツでは、食品の値上がりや配給の遅れに対する市民の反発が、開戦から間もないうちに表面化した。「半年もすれば」といった短期決戦への予想とは裏腹に、戦争長期化のうわさが流れると、人びとの不安は政府への批判へ変質したのだ。開戦七カ月後の一九一五年二月、ベルリン市内のマーケットで女性たちがジャガイモを奪い合い、負傷者の出る騒ぎが起こった。五月にはベルリンの国会議事堂前に二〇〇〇人以上の主婦が「パンよこせ」デモで集結し、これを契機に、飢餓からの解放を求める主婦や労働者のデモと暴動が、全国の都市に拡大した。一七年に入ると、停戦そのものを求める労働組合のストライキやデモがひろがり、一八年一月、一〇〇万人を超える労働者の反戦ゼネストが起こる。銃後の社会には、反戦と厭戦の気分が充満してきたのだ。

ドイツ海軍でも状況は同じであった。一九一七年には無断上陸や給養改善を要求する水兵たちの抗議行動が各戦艦で発生し、一八年には停戦を求める労働組合と水兵が連携を強め始める。粗末な食事への不満と、贅沢な食事を続ける将校への怒りが増幅し、水兵たちの行動は、「戦争の終結、パンと自由」を求める組織的な運動へ発展した。一般兵がカブラのスープに乾燥野菜の煮物とパンの食事を毎日強いられる一方で、将校食堂では通常でも三～四の料理コースが用意され、ワインやシャンパンが大量に飲まれていたのだ(11)。

野党と労働組合の反戦運動が強まるなか、一九一八年一一月三日、水兵の大規模な反乱が起こった。海軍幹部はイギリスへの最終攻撃へ出撃する決定を下したが、バルト海に面したキール軍港の水兵たちは命令を拒否し、他の軍港で拘留された命令拒否の水兵の釈放を求めて蜂起する。その翌日には、多数の水兵が労働組合のデモ隊へ合流し、労働者・兵士評議会を結成して、四万人以上の水兵・兵士・労働者がキール市内を制圧した。蜂起はまたたく間に全国の主要都市へ飛び火し、一一月九日、ヴェルヘルム皇帝はオランダへ亡命する。この一一月革命で、ドイツ帝国は内側から瓦解したのだ。

第一次大戦は史上初の総力戦となった。戦費、兵器、兵力、そして民衆の統制と参加など、国家のあらゆる力と資源の動員が求められた。ドイツには、自国の経済力や、潜水艦・毒ガス攻撃への過信、それにアメリカ参戦の読み違いなど、誤算があった。しかし、最大の誤算は、前線と銃後の両方が「カブラの冬」に敗北したことだ。軍も国民も短期決戦での勝利を確信するあまり、食料備蓄の積み増しも増産体制の整備もおこたっていたのだ。

「海上封鎖」のなかで受諾を強要された講和条約

一一月革命で共和国の誕生を宣言したドイツの新政府は、一九一八年一一月一一日、連合国との停戦に合意した。一九年一月一八日、パリ南西のヴェルサイユ宮殿で開幕し、六月二八日まで続いた講和会議には、日本やイタリアなど戦勝国側の三三カ国が参加したが、会議を支配したのはアメリカのウッドロウ・ウィルソン大統領、イギリスのロイド・ジョージ首相、そしてフランスのジョルジュ・クレマンソー首相である。三巨頭には思惑の違いはあったものの、戦争の全責任はドイツにあり、新たなドイツ共和国政府にすべての責任を負わせるという点で、かれらは一致していた。

フランスはドイツ領土の割譲と十分な賠償金、それにドイツ軍の徹底的な弱体化を求め、最強硬であった。イギリスはドイツの復讐を恐れ、履行可能な講和条約を望んだが、賠償金では譲らない。戦時中の小麦や軍需物資の購入で、イギリスはアメリカから四七億ドル、フランスはイギリスから三〇億ドル、アメリカから四〇億ドルも借りていた。借金免除をアメリカが拒否する以上、両国があてにできる返済資金はドイツの賠償金しかない(12)。一方、アメリカはドイツ軍国主義の壊滅を求めながらも、懲罰的な賠償金でドイツを破たんさせ、ロシアの傘下へ追い込むことは望んでいなかった。

こうしたなか、イギリスとフランスは停戦後も海上封鎖を解除せず、降伏したドイツへの兵糧攻めを強める行動に出た。これに対し、余剰農産物の対独輸出をねらうアメリカは、ドイツが食料危機で無政府状態に陥り、ロシアへ接近するのは連合国側に利益にならないとイギリスを説得する。一九年三月末、停戦から三カ月近くがたってようやく食料輸送船がドイツへ入港したが、講話条約締結まで海上封鎖はとかれることがなかった(13)。

三巨頭は妥協のすえにヴェルサイユ条約をとりまとめた。国際連盟の設立、ドイツの領土割譲・植民地の放棄・陸軍一〇万人以下などの大幅軍縮、敗戦国の外貨・現物・家畜等による賠償などが、講和条約の中心であった（ドイツの最終的な賠償総額は一九二一年、別に設置された検討委員会で一三二〇億金マルク、約三三〇億ドルと決められた）。

講和会議の最終日、調印式に呼び出されたドイツ政府代表は、領土の一〇％、石炭の一六％、産業の五〇％の削減、それに莫大な賠償金の支払いをふくむ、懲罰的な講和条件をのまされた。前線から撤退したドイツ軍は戦う意思を失い、国民は飢えをしのぐのに精いっぱいというなかで、連合軍は、講和条件を受諾しなければ首都ベルリンに侵攻すると脅しをかける。これでは、無条件降伏しかなかった。イスラエル出身の歴史学者アヴナー・オファはこう指摘する。「海上封鎖はドイツを停戦に合意させただけでなく、実はその合意後にこそ決定的な役割を果たした。……（停戦後の海上封鎖とそれに伴う飢えの苦痛が）ドイツに独善的な復讐の夢を膨らませるのを許した。……一つの大戦の結果がいかにして次の大戦の起源となったかを、このことは物語っている」(14)。

戦後のドイツでは、極端な肥料不足などのために農業生産の回復が遅れた。長引く戦後の食料難に苦しむ国民へさらなる痛撃を与えたのが、莫大な賠償金である。三〇年にわたって払い続ける賠償金の一年分は、二〇億金マルクから始まって漸増する。国家予算の二五％を超えるような賠償金を敗戦直後から払い続けられるわけがなかった。一九二三年一月、賠償金支払いの不履行を理由にフランスとベルギーの軍隊が、ドイツ経済の心臓部、ルール地方に侵攻した。賠償金の未払い分を石炭の現物で取り立てるためだった。これに対し、ドイツ政府は現地の労働者にストライキを呼びかけ、進駐軍への協力拒否で抵抗する。しかし、スト参加者への給与支払いなどのため、ドイツは紙幣の大増刷を余儀なくされ、ルール占拠から一年もたたないうちに天文学的なインフレが始まった。

前出の『歴史の討論会』は、パンの値上がり（円形パン一個の値段＝一九一七年の〇・五四マルクが二三年一月四〇〇マルク、二三年一一月二〇一〇億マルク）を表に示したうえで、次のような地方紙への投書（二三年一〇月）を紹介する。「いたるところ貧しく悲惨だ。音楽会場には客が入らず、芸術は暮らしていけなくなった。……この数週間に二〇件以上の自殺がまた起きた。原因は飢餓と心痛、貧苦と窮乏、それに不満と絶望だった」(15)。

ドイツは、新紙幣発行（一九二三年）などの緊急策とアメリカの金融支援によって、インフレを奇跡的に収束させた。しかし、二九年のニューヨーク株式市場の破たんで始まった世界恐慌が、ドイツを決定的な窮地に追い込む。三二年の工業生産は恐慌前の五八％に激減し、失業率は三〇％、五六〇万人を超える失業者が都市にあふれた。国民生活は崩壊にひんし、ヴェルサイユ講和条約を受託した政府に、国民の怒りはむかっていく。既成政党は有効な恐慌打開策を打てず、政治は混迷をきわめた。こうしたなか、講和条約の破棄を訴える極右政党のナチス（国家社会主義ドイツ労働者党）が台頭してくる。国民のうっ積した怒りをかきたてる、党首アドルフ・ヒトラーのたくみな演説に、人びとは耳をかたむけたのだ。三四年八月、総統の地位に上りつめたヒトラーは、反ユダヤ民族国家建設と軍備拡張、対外膨張の政策をかかげ、二度目の世界大戦への途を急進していく。

「犬の生活」に耐えていた青春時代のヒトラー

ヒトラーの著書『我が闘争』の著作権保護期間は二〇一五年末に消滅したが、極右勢力の出版・悪用を阻止するため、ミュンヘンの現代史研究所が一六年一月、約三五〇〇カ所もの批判的な注釈をつけて再出版した。著書そのものの出版は、民衆扇動罪の対象となり、今後もその実質的な発禁状態は続くと伝えられるが、こうした状況のもとでも、ドイツの教科書は『我が闘争』の重要な部分を引用してきた。たとえば、前出の『歴史の討論会』は、「我々はヨーロッパの南部と西部に対するゲルマン人の進軍を止め、東方の地に眼をむけることにする。すなわち、我々は戦前の植民地政策と貿易政策に終止符を打ち、今後の領土政策のための展望を開くのだ」(16)の部分を資料として掲載し、一九二〇年代からヒトラーは、ソ連・東欧への侵略を主張していたことを明記する。その後もヒトラーは、「今なぜ食料難なのかといえば、……わが民族が今日使用できる土地全体が、狭く不十分すぎるゆえに生じた結果なのだ」(17)として、食料確保には領土拡張が必要なのだと国民へ訴え、食料不足にあえぐ国民の反発と戦意をあおり続けた。第一次大戦の敗戦の一因となった「カブラの冬」が、第二次大戦を引き起こす遠因へこうしてつながったのである。民衆の飢えの苦痛には、世界規模の戦争を勃発させるほどの危険が潜んでいた。「カブラの冬」の悲惨な飢餓を一兵士として経験したヒトラーは、戦時における食料確保の必要性に強い執着心をいだき、「これがその後のソ連侵略の理由の一つになった」(18)。『テイスト・オブ・ウォー（戦争の味）』を書いたイギリスの歴史研究者リジー・コリンガムの指摘である。

一八八九年、ドイツとの国境に近いオーストリアの都市ブラウナウで、下級官吏の家に生まれたヒトラーは、第一次大戦勃発後、ウイーンからドイツのバイエルン州へ移ってドイツ本国の志願兵となり、イギリス軍と戦うフランドル戦線で、塹壕の兵士へ指示を伝える伝令兵として四年以上活躍した。この間、塹壕戦がもっとも激しかったといわれるこの前線で、ヒトラー自身も「カブラの冬」の悲惨な飢餓を経験したに違いない。

一方、ヒトラーは青春時代にも飢えの苦しみを味わっていた。画家をめざして一九〇八年に移り住んだオーストリアの首都ウイーンで、かれはその夢を絶たれ、一七歳から五年あまりの間、浮浪者同然の生活を送った。ウイーンでの唯一の友人で、貧しいアパートに一時同居したアウグスト・クビツェクは、その著『アドルフ・ヒトラーの青春』のなかで、「彼の食生活は、牛乳一瓶、冷たいパン、それに多少のバターでした。昼にはケシの実やクルミ入りのシュトルーデル菓子を買って、それで間に合わせたりもしていた」と回想する。クビツェクはまた、「(自ら働かないでもよい富裕層に対する) 強烈な憎しみがアドルフの中にうっ積し、……彼は強い反抗心だけで〝犬の生活〟に耐えていた」とも書いた(19)。

経済学史上もっとも重要な人物とされるジョン・メイナード・ケインズはこの時代、イギリス大蔵省の官僚であった。かれは一九一九年のパリ講和会議に参加し、ドイツへの賠償額の試算を担当する。しかし、自国の代表団は、かれが妥当と提案した額の三倍を超える懲罰的な金額に固執した。これに反発し、職を辞したケインズは、その著書『平和の経済的帰結』(一九一九年) のなかでこう述べている。「直面する危険は、ヨーロッパ諸国の人口の生活水準が一部の人びとにとっては実際の飢餓を意味する点にまで、急激に低下することである。飢餓は、……不安定な神経のヒステリー状態や狂気の絶望感をもたらす。そして、これらの人びとは、その苦難のあまりに、文明それ自体をも埋没させてしまうかもしれないのである。これこそが、今やあらゆる資力と勇気と理想主義によって防がなければならない危険なのである」(20)。

ヒトラー支持の裏側に潜んでいたドイツ国民の飢餓への怨念が、かれの青春時代をおおった飢えの苦痛と合体し、狂気の復讐心となって二度の世界大戦をつないでしまう。この未曽有の危機を、ケインズは、その二〇年前の一九一九年の時点で予測していたのである。

ヴェルサイユ条約調印の日、ドイツの新聞は一面の大見出しに、「ドイツ国民よ、一九一九年の恥辱に復讐を」と書いた。この資料をのせるイギリスの教科書『二〇世紀の歴史の学習』は、「ドイツを厳しく懲罰することを望まなかったアメリカのウィルソン大統領は、将来ドイツは復讐を追求するのではないかと懸念したが、大統領の懸念は的中してしまった」(21)と記している。

2　第二次世界大戦の食料危機を詳述するヨーロッパ諸国の歴史教科書

ナチス独裁政権のもと、再軍備の強化を急いだドイツは一九三八年、オーストリアの併合後、チェコスロヴァキアにズデーテン地方の割譲を要求した。

一二世紀から一三世紀にいたる、中世の東方植民の時代、チェコの西部地方などを支配していたボヘミア王国の招きで隣国ドイツから騎士団や農民の開拓団、それに鉱山開発者などが同王国のズデーテン地方へ移住し、食料増産や銀鉱山の開発に取り組んだ。それから六〇〇年以上もたった一九二〇年、チェコスロヴァキア共和国が設立すると、ズデーテン地方へ移住したドイツ人の末裔たちは、同地方のドイツ統合を求めた。ドイツ語を話すかれらは三〇〇万人を超え、この地方の人口の九〇％以上を占めていたが、スラブ人の国チェコスロヴァキアでは、少数民族として職業上の差別などを受けていたのだ。

一九三八年九月、ズデーテンの帰属問題を解決するため、ミュンヘンでの会議に集まった英・仏・独・伊の四首脳は、チェコスロヴァキア代表の同席を許さないまま、二日間の協議でドイツのズデーテン併合を認めた。「これが最後の領土要求」と「約束」したヒトラーを信じ、ナチスの領土拡張を認めた英仏両国には、ドイツとの戦争よりも世界恐慌からの回復優先という、国内事情があったのだ。一方、アメリカは、ニューディール政策を遂行中の三五年、交戦国への武器輸出禁止を定めた中立法を制定し、孤立主義への回帰を明確にした。こうした状況を見すかしたかのように、ナチスはズデーテン併合後の三九年三月、今度は、ヴェルサイユ条約で失った旧ドイツ領の返還をポーランドへ要求し、八月には独ソ不可侵条約を締結して九月一日、ポーランドへ侵攻する。その二日後、ポーランドと同盟関係にあった英仏両国がドイツに宣戦布告し、第二次大戦は始まった。

イギリスの教科書が伝える銃後の食料事情

一九三五年、ドイツはヴェルサイユ条約での約束を破り、徴兵制を導入して再軍備に踏み出した。これと相前後し、ドイツとイギリスは戦時食料政策の準備に入る。ヒトラー政権には、「カブラの冬」の轍を二度と踏まないとの強い決意があった。一方、先の大戦に勝利したイギリスにも、戦時中に配給改善を求める市民のデモが多発し、アメリカやカナダの食料支援がなかったなら、降伏の危機さえ生じかねなかったという苦い経験があった。

第一次大戦中、イギリスは放牧地の耕起運動を展開して食料を増産したが、戦後は、アメリカへの戦時公債の返済のために農業補助が困難となり、穀物生産は後退した。多くの穀物畑が放牧地へ戻り、一九三〇～三二年期における小麦の年間生産量一一二万トンは、第一次大戦中の年平均二〇〇万トンを四四％も下回っていた。ところが、三六年に入ると帝国防衛委員会は、ドイツ再軍備の動きを受けて戦時食料供給委員会を設置し、食料・物資統制計画の作成を指示した。これによってイギリスは、放牧地の耕起による穀物増産と配給制度を軸とする戦時食料体制の準備を、三八年までに完了した。

一九三九年九月三日、イギリスがドイツに宣戦布告すると、その翌日にスミス農相はラジオ放送を通じ、放牧地の一〇％以上を耕起して小麦・ジャガイモ・飼料穀物を増産するよう、全国の農家へ訴えた。農相が指示した耕起キャンペーンは、第一次大戦中に四年をかけた六〇万ヘクタールの耕起を一年で達成するという、緊急かつ大規模なものだった(22)。

イギリスの多くの歴史教科書は、当時の食料増産の具体的な取り組みとして、八万人以上が参加した「女性援農隊（ウィメンズ・ランド・アーミー）」の活躍を紹介する。たとえば、中学の教科書『二〇世紀の歴史の学習』は、援農隊員の次のような回想記をのせた。「エセックスの農場へ送られた。きつい仕事だった。時には畑まで八マイル（一三キロ弱）も自転車で走り、仕事を終えて夜に宿舎へ戻ることもあった。農作業の手伝いがうまくいかない私たちは、歓迎されていなかっただろう。宿舎ではソーセージをよく食べさせられた。九カ月間、毎日だった。ソーセージの煮込みには慣れたが、ひどくまずかった」(23)。

増産計画は結果を出した。一九四〇～四五年の間、穀物とジャガイモの生産は開戦前(三七～三九年)よりそれぞれ六一%、七八%も増えた。だが、輸入が急減した。ドイツの潜水艦攻撃によってヨーロッパ諸国からの食料輸入は止まり、カナダやアメリカからの輸入も潜水艦の封鎖網をかいくぐらなければならない。それでも、第一次大戦時を大幅に上回る国内の穀物増産が輸入の減少を補い、国民の食生活が危機にひんすることはなかった。開戦四カ月後の四〇年一月に始まった配給制度の中身を見れば、それは明らかである。

配給制度には三つの特徴があった。それらは、①パン、小麦粉、ジャガイモなどの基本食料は配給とせず、購入量も制限せずに価格の上昇は政府が抑制したこと、②食肉やバター、チーズ、紅茶などの輸入食品を配給の対象とし、その量を極力おさえたこと、③放牧地の三〇%は穀物生産へ転換されたが、残った七〇%の放牧地で乳牛を育成し、妊婦や授乳中の母親をはじめ、五歳以下の乳幼児へ牛乳を優先的に配給するなど、弱者への配慮を徹底したこと、であった。

この結果、開戦四年目の一九四三年においても、イギリス人の平均カロリー摂取量は戦前の二九四八キロカロリーより五%減(二八二七キロカロリー)の水準に維持された。動物性たんぱく質と脂肪の摂取はそれぞれ七%、一三%落ちたが、パンの消費増によって小麦からの植物性たんぱく質の摂取が二三%も増え、この減少分を補ったのだ(24)。また、カロリー摂取量に占める国内生産物の割合は、開戦時の三〇%から四三～四四年の四〇%へ上昇した。それに、畜産物の配給品の値上がりが抑制されたため、「普通の民間人は戦前よりも栄養状態が良くなった。幼児および新生児死亡率のような公衆衛生指標は、明白な改善を示した」(25)といわれるほどである。

「(イギリス)王室も配給制度にしたがった食事の献立をたてていた」(26)ことが、国民の意識に強く影響した。エリザベス二世(現女王)も、バッキンガム宮殿周辺の食料品店などに配給受給者として登録していたのだ。「(食料の)全体的な不足を国民みんなで分かち合っているという感覚があったため、食料が、イギリス人の高い士気の維持に貢献する、一つの要素になった」(27)。前出のリジー・コリンガムはこう指摘する。


イギリスの歴史教科書には、一週間分の配給食品を示す絵図や、政府が各家庭へ配布した週間の推奨献立表、ジャガイモと人参で作る「野菜パイ」のレシピなど、多くの資料が掲載され、戦時中の人びとの食生活の実態を生徒にイメージさせるよう、工夫がなされている。

「イギリスは多くの食料を輸入していた。そのため、極端な対応策をとらなければ、敵の攻撃によって国民は飢えを強いられ、降伏もしかねない。政府は、第一次大戦で銃後の食料供給に失敗した経験をふまえ、すみやかに食料の配給制度を実施した」。『発展する歴史』の教科書はこう述べたうえで、「緑色の配給手帳が交付された妊婦は、果物を優先的に購入し、卵は一般国民の二倍を買うことができた。また、(五歳から一六歳までの)子供には青色の配給手帳が配られ、毎週、果物と牛乳半パイント(〇・二八リットル)の購入が許されていた」(28)と解説する。また、『二〇世紀の歴史の学習』は、「経済的に豊かな人たちが食料を買い占め、貧しい人びとが何も買えなくなるような事態は起こらなかった。そのため、ほとんどの人びとは配給制度を公正な仕組みだと感じていた」(29)と述べる。

さらに、多くの教科書は、市民が自ら食料生産に励み、ドイツの兵糧攻めをはね返した事実を強調する。たとえば、前出の『発展する歴史』は、「食料相のウールトン卿がラジオの定時番組に出演し、健康を維持するため野菜を自分で育てようと国民に訴えた」ことを紹介し、市民の取り組みを具体的に記述する。「多くの自治体が公共の土地を市民に開放した。……それにゴルフ場から鉄道沿線の土地、海岸の遊歩道、ロンドン塔の壕《ほり》にまで、あらゆる空地を利用して、人びとはキャベツやカリフラワー、インゲン豆、ジャガイモなどを栽培した。鶏やガチョウを飼う人もたくさんいた」(30)。「ディッグ・フォ・ヴィクトリ(勝利のために耕せ)」のスローガンのもと、小中学生まで参加した野菜作りは国民的な運動に発展し、「野菜の消費量は一九四一年から四五年にかけて上昇した」(31)。

さらに、戦時中の食料難を、生徒たちの討論や研究課題にとりあげる教科書も少なくない。たとえば、朝食は「トーストにオートミールあるいはシリアル、牛乳またはミルクティ、それにときどき卵」、夕食は「野菜スープにジャガイモ、牛肉やマトンなど各種の肉料理、それに乾燥果物やケーキ」といった、政府推奨の週間献立表をのせる中学の教科書は、「戦争中の一週間の配給量を頭におきながら、当時の朝食と現在の朝食を比較してその違いをあげ、どちらが良いと思うか、理由をつけて説明せよ」(32)との課題を提起する。また、「なぜ多くの国民が配給を公正なシステムだと評価したのか、その理由を述べよ」、「〝勝利のために耕せ〟の運動は勝利をもたらすのに役立ったのか、級友と意見を交換せよ」などと、戦時中の食料事情について、生徒たちにさまざまな方向から考えさせようとする。

ところで、当時のイギリスは配給制度の「優等生」といわれたが、その食料供給を助けたのは、第一次大戦と同様、アメリカとカナダであった。特に開戦からの二〜三年間、ドイツのUボート探知のレーダー開発に遅れをとった連合国は、多くの輸送船を撃沈された。このため、一九四〇〜四二年の間、イギリスの食料輸入は戦前の二〇七〇万トンから一〇二〇万～一二七〇万トンへほぼ半減する。そうしたなか、カナダは自国の飼料穀物の消費をおさえてまで小麦を増産し、イギリスへの輸出を増やすとともに、同国からの化学肥料工場の移転を受け入れ、イギリスの農家が窒素やリン酸肥料などの投入量を戦前よりも倍増させることを可能とした(33)。

一方、アメリカは、飼料穀物や大豆、食肉、酪農製品などの輸出でイギリスを支援した。特に食肉の供給に果たしたアメリカの役割は大きく、輸入を可能とした同国の金融支援も、財政的に破たん寸前のイギリスを救った。レンドリース法（武器貸与法）に基づいて、アメリカが長期融資を供与し、これでイギリスは武器と食料を輸入する。同法の融資総額五〇〇億ドル（四一～四五年）の六三％を与えられたイギリスは、武器と食料をほぼ無制限に購入できたのである。

輸送船の船腹に限りがあるなか、かさばる穀物よりも食肉や畜産加工物の輸出増をイギリスはアメリカに求めた。これに応えるため、ルーズベルト政権は食料の配給制度を導入した。日本の真珠湾攻撃に激怒した国内世論を背景にして、一九四二年五月以降、砂糖、食肉、バターなどの配給を断行していく。その結果、それまで飽食にひたっていたアメリカ人が、配給食品の購入量を通常の五〇～七〇％にまで抑制したのだ。さらに連邦議会は、農家の食料増産を支援するため、四二年一一月、兵役免除の徴兵修正法を承認し、終戦までの間、三五〇万人以上の農業生産者を徴兵制度からはずした(34)。同盟国の戦時食料を確保するためにこれほどの措置を実行した国は、後にも先にもアメリカだけである。

第一次大戦の轍を踏んでしまったドイツの戦時食料政策

ナチスの戦争準備は一九三五年の再軍備に始まったとされるが、こと食料に関しては、ヒトラー首相就任の三三年から開始された。同年六月、食糧農業大臣に就任したヴァルター・ダレーは、「外交政策の基本は、その国が食料供給面で他国から独立していることにある」(35)との強い信念をもって農政改革に着手する。その柱は、①農産物の輸入削減、②価格統制と穀物の強制出荷、③農家・農協の全国統一組織の設立であった。

第一次大戦の敗北から一九三〇年代前半にかけ、ドイツ農業は生産力を回復し、食料自給率は二七〜三三年の間に六八%から八〇%へと、ほぼ戦前水準へ戻っていた。しかし、世界恐慌からの脱出と賠償金支払いの二重苦を克服するには、工業製品の輸出増を優先せざるをえない。農業保護を目的とする輸入制限が困難となり、安価な外国産の流入増で農産物価格は暴落した。多くの農家が負債をかかえ、その経営は危機にひんしていたのだ。

こうした事態を打開するため、関税引き上げなどの輸入制限措置を導入したダレー大臣は、穀物・畜産物・油脂などの輸入管理を徹底し、同時に固定価格制度を導入して農産物価格の暴落に歯止めをかけた。さらに、パン用穀物の小麦とライ麦の生産を増やし、農家には強制出荷を義務づけて備蓄の積み増しをはかった。

戦時食料の準備を着々とすすめたヒトラー政権は開戦時の一九三九年、パン用穀物の自給率を一一五%へ、食料全体の自給率を三四年の八〇%から八三%へ引き上げていた。それに、開戦後においても、ナチスの農政はパン用穀物とジャガイモの生産維持を重点とした。また、消費の五〇%以上を輸入に頼るバターと、輸入が困難な飼料穀物、大豆・菜種などの増産にも力を入れた。特に、飼料穀物の輸入減で食肉生産が減り、パンへの依存が高まることを想定したダレー大臣は、パン食に不可欠なバターの生産を推進する。そのため、生乳価格を段階的に引き上げる一方で、二五〇万戸以上の酪農家を役人が巡回し、乳牛一頭ごとの搾乳カードに毎日の搾乳量を記入するよう指導した。闇市場への生乳横流しを規制するためである。この結果、バターの年間生産量は戦前より三五%増の五五万トン以上という高水準を維持することができた(36)。

ドイツ軍のポーランド侵攻の五日前、一九三九年八月二七日にパン・食肉・バターなど主要食料一〇品目の配給が始まった。配給は順調にすべり出し、当初、その量も十分に確保されていた。ところが、開戦二年後の四一年から四二年にかけ、食料事情は急速に悪化する。イギリス海軍の海上封鎖が家畜飼料の輸入を激減させ、事態は暗転した。参戦前のアメリカやソ連などから、ドイツは大麦やトウモロコシなどの飼料穀物を二九〇万トンも輸入していたが、四一年には八四万トンに激減する。さらには、同年秋の長雨と収穫作業の労働力不足で、ジャガイモ生産が前年比一七%の減となった。このため、農家は豚の飼養頭数の削減に追い込まれ、四二年の頭数は開戦年の六〇%にまで落ち込んだ。ジャガイモとライ麦は人間にとって大切な食料であると同時に、豚にとっても重要な餌であったが、ナチス政権は市民への配給を優先せざるをえなくなったのだ。

一九四一年六月からの独ソ戦は、半年ほど過ぎると、長期化の様相を呈し始めた。農業の現場が深刻な事態に陥ったのはちょうどその頃である。農業機械が不足した。トラクターの生産は四〇年から制限され、四二年には燃料節約の「木炭トラクター」が登場する。窒素工場は爆薬生産に転換され、肥料用のリン鉱石もほとんど輸入ができなくなったのだ。

労働力も大幅に減った。男女合せて九〇〇万人の農業就業人口が徴兵で二五〇万人以上も減少し、男性農業従事者の四五％と、大規模農家の雇用労働者の三〇％が失われた。これを補うため、ナチスは、一七〜二五歳の未婚女性一〇万人と一〇〜一六歳の小中学生数百万人に農家の作業を手伝わせ、戦争捕虜や外国人労働者も動員する。四三年五月までに、フランス人やソ連人など七〇万人の戦争捕虜と、ポーランドやウクライナからなかば強制連行した一五〇万人の外国人労働者を全国の農村へ配置した。しかし、捕虜の労働意欲は低く、外国人労働者の多くは女性だった。それでも、「戦争捕虜と外国人労働者がいなかったなら、ドイツ農業はほとんど崩壊してしまっていた」(37)と、『鋤《すき》とかぎ十字』の著者J・E・ファーカーソンは指摘する。事態はそれほど悪化していたのだ。

「ユダヤ人問題の最終的解決」の遠因となった「飢餓計画」の失敗

一九四二年の四月中旬、パンと豚肉、それにバターなどの油脂の配給量が大幅に削られた。特に食肉は一週当たり五〇〇グラムから三〇〇グラムへ四〇％も減った。ドイツの中学低学年（日本の小学高学年）の歴史教科書『ドイツの暗い時代』は、配給の実態を次のように解説する。「戦争が長引いてくると、食料はますます乏しくなってきた。配給の量はいつも少なく、さらに多くの人びとが飢えに耐えなければならなくなった。その後しばらくすると、配給はジャガイモと豆、それにパンと砂糖ぐらいになった。人びとはニンジンとジャガイモのクッキーを焼き、カブラでジャムを作った。……一方、ユダヤ人は粗悪な食料しか与えられず、その量もずっと少なかった」(38)。

ナチス政権は、軍需工場などの労働者が配給への不満から抗議行動へ出るのを警戒していた。第一次大戦の敗因の一つとなった、「カブラの冬」をくりかえすわけにはいかない。しかし、農業の生産減を食い止めなければ、配給量をさらに減らさざるをえなくなる。

こうした状況下で、「飢餓計画」が実行されたのだ。ヘルベルト・バッケ農業食糧次官が策定し、一九四一年五月に決定したこの計画は、ソ連の穀倉地帯ウクライナを占領して大量の穀物を奪取する作戦であった。ウクライナが生産する四〇〇〇万トン以上の穀物（ソ連の穀物生産の四〇％）のうち、七〇〇万トンを接収する。ロシア人一人当たりの穀物とジャガイモの年間消費量を、二五〇キロから二二〇キロへ一二％減らすだけで八七〇万トンが浮いてくる。バッケはそう計算した(39)。

高校の教科書『歴史の討論会』は次のように解説する。「ヒトラーの世界戦争に対する考えの中心は、〝せん滅〟と〝根絶〟だった。……ドイツ軍と関係省の専門家が詳細な飢餓計画を策定した。それはソ連の食料余剰地帯と不足地帯を遮断し、これによってドイツ軍への兵站を確保するという計画であった。そして同時に、調達した穀物をドイツへ輸送することも計画したのだ」(40)。ここでいう「遮断」とは、ウクライナから大都市への穀物輸送を封鎖し、モスクワなどに住むロシア人を餓死させることを意味した。アメリカの歴史家ティモシー・スナイダーは、『流血の地――ヒトラーとスターリンに挟まれた欧州』のなかでこう述べる。「スターリンにとって〝要塞〟であったウクライナは、ヒトラーにとっての〝穀倉地帯〟であり、……（ここを手に入れれば）誰も第一次大戦のようにドイツを飢えさせることはできない。ウクライナを征服して植民地にすれば、イギリスの海上封鎖をはね返し、アメリカのような大国になれる。ヒトラーはそうもくろんでいた」(41)。

そのうえで、一〇年間に四〇〇万人、二〇年間で一〇〇〇万人のドイツ農民をウクライナの農村へ入植させ、ドイツ人のための穀倉地帯を建設する。ヒトラーの植民計画であった。三〇〇〇万人のソ連農民をシベリアへ追放すれば、それは実現する。「人間以下のスラブ人による支配体制のもとで、荒野に放置されてきた〝欧州のカリフォルニア〟には、楽園に転換できる可能性がある」(42)。「飢餓計画」の実行部隊となったナチス親衛隊（ＳＳ）の隊員たちは、東方へのこうした「夢」をヒトラーと共有していたのだ。

「ロシア人は一人当たりの国土をドイツ人の一八倍も持っている。このようなことがはたして正しいことなのか」(43)。ヒトラーの疑問は、『わが闘争』の基本思想、「生活圏の確保」につながっていく。「優秀な民族が狭苦しい土地に押し込められ、文明に何の貢献もしない有象無象が、世界でも有数の広大で肥沃な土地を占めているとは許しがたい」(44)。スラブの地にドイツ民族の領土を建設する。ヒトラーはその野望を強めていったのである。

一九四一年六月、食料と石油を掠奪するため、ドイツ軍はソ連侵攻を開始した。冬期までに赤軍をせん滅できると、ドイツ軍幹部は豪語する。たしかに最初の三カ月間、キエフ占領やスターリングラード包囲、軍需工場の破壊など、ドイツ軍は多くの戦果をあげた。

しかし、スターリンひきいるソ連指導部は、一九四一年七月からの五カ月間に、一〇〇〇万人以上の労働者と一三六〇以上の軍需工場を、ウラル地方や中央アジアへ疎開させた。昼夜兼行の人海戦術で三〜四週間のうちに疎開工場は稼働し始め、翌年初めには生産が増加へ転じる(45)。激戦となったスターリングラードの攻防は、四二年六月から七カ月以上も続いたが、軍事力を回復させたソ連は、「冬将軍」の助けもえて、ドイツ軍の攻撃をはね返した。独ソ戦の天王山となったこの戦いを境に、ソ連の赤軍が攻勢へ転じたのだ。四四年四月までにソ連領外へ駆逐されたドイツ軍は、敗走を続けるしかなくなった。

ソ連の穀倉地帯から接収すべき穀物の目標は年間七〇〇万トンとされたが、実際にドイツへ移入できた量は一九四一～四二年の二年間で、小麦の四六万トンをふくめ、一二二万トンにすぎない。ソ連の占領地から運び出した農産物の総額は、フランスやデンマークの占領地からよりも少なかった(46)。一方、ソ連領内へ進駐した三〇〇万人を超えるドイツ軍は、食料の調達でも困難をきわめた。赤軍は収穫前の穀物畑を焼き払う焦土作戦を展開し、ウクライナの農民は食料を隠匿して抵抗した。食料の奪取も失敗に終わり、「欧州のカリフォルニア」を東方の楽園にするというヒトラーたちの野望も消えうせた。

そのうえ、悪天候が「飢餓計画」の失敗に追い打ちをかける。一九四二年、ドイツ国内の小麦とライ麦の生産が前年より二〇％落ち込み、四三年にはジャガイモが二六％も減ったのだ。しかし、西の海からも東の陸からも食料輸入を増やす手立てはない。事態がさらに悪化すれば、銃後の社会がもたなくなる。こうした局面のなか、食料確保に狂奔するナチスは、「ポーランドから〝無用な〟ユダヤ人の食料消費者を排除するため、ホロコーストによる処置を急がねばならない」(47)との決定を下す。「無駄めし食い」をせん滅し、ポーランドなどの占領地から食料収奪を強化するしか打開の途はない。この判断が、「ヨーロッパのユダヤ人問題の最終的解決」につながっていったのである。

『破壊の報い』を書いたイギリスの歴史家アダム・トゥーズは、この判断の背景にあった二つの事象に注目する。前述した一九四二年の凶作と農業食糧大臣の交代である。三三年以来のダレー大臣が病気を理由に辞任した四二年、ヒトラーはバッケを大臣代行に任命した。ユダヤ人の迫害に主導的な役割を果たしてきたハインリヒ・ヒムラー（親衛隊全国指導者・全ドイツ警察長官）とバッケは、個人的に強いつながりを持ち、東方侵略と「飢餓計画」の貫徹に執念を燃やしてきた。かれらの攻撃性にヒトラーは期待したのだ。「（バッケの大臣代行就任によって）飢餓計画がユダヤ人虐殺を中心とする、ポーランドでの人種的な大量虐殺計画と直接むすびついていくことになった」(48)と、トゥーズは指摘する。

一九四二年一月の次官級会議でナチスは、「ユダヤ人問題の最終的解決」を決定した。その後、ポーランド南部に建設されたアウシュヴィッツなど六カ所の絶滅収容所で、ユダヤ人やロマなどマイノリティの犠牲者が大幅に増えていく。四四年の中頃までに、ポーランド在住の三〇〇万人を超えるユダヤ人のほとんどが殺害され、生き残りは五万人ほどだったといわれる。その内訳を見ると、「（四〇年から四五年初めにアウシュヴィッツの強制収容所へ一三〇万人のユダヤ人が送られ、一一〇万人が殺害されたが、そのうちの）一〇〇万人が一九四二年二月と一九四四年一一月のあいだに殺されている」(49)。また、トレブリンカの強制収容所では四二年七月から四三年八月に九〇万人が、ベウジェッツ強制収容所では四二年三月から四三年初めに六〇万人が殺害された(50)。ホロコーストの惨劇の裏側には、「飢餓計画」の失敗と、ドイツの戦時食料政策の破たんという二つの遠因が存在したのだ。

ドイツを襲った二度目の「飢餓の冬」

一九四四年六月六日、連合軍のノルマンディー上陸を許したドイツ軍は、翌年初めまでに総崩れとなり、四五年四月三〇日にヒトラーが自殺、五月九日にドイツは降伏した。これでヨーロッパの戦争は終わった。だが、ドイツ国民にとって苦難の日々は終息せず、四六年末から四七年初めにかけ苛酷な「飢餓の冬」がふたたび到来する。

「終戦直後のドイツの国土は、極度の物不足におおわれ、荒廃していた。多くの都市では、瓦礫《がれき》の山がその姿を支配していた」(51)。住居の二五％が空爆と戦闘で瓦礫と灰に化したのだ。高校の教科書『歴史の時刻表』の戦後史、「被征服者」の節の書き出しである。

第二次大戦での世界全体の犠牲者は八〇〇〇万人に達し、ドイツでは四三〇万人の兵士と二九〇万人の市民が死亡した。しかし、犠牲者はこれにとどまらない。ポーランドやオーストリアなどには、戦前から一〇〇〇万人ちかくのドイツ人が住んでいた。また、ヒトラーの東方侵略とともに多くのドイツ人が移住した。ところが、ドイツ軍が独ソ戦に敗北し、敗走を始めると、これらのドイツ系住民や移住者に対し、ソ連人などがいっせいに迫害を開始した。一九四四年秋から終戦にかけ、着の身きのままで追放された難民は一二〇〇万人にふくれあがり、帰還途中で殺害され、あるいは死亡したものは二五〇万人を超えた。

敗戦国ドイツの四分割統治は、終戦前のヤルタ会談で決められた。アメリカは南ドイツ、ソ連は東ドイツを占領し、イギリスとフランスは北西部と南西部を中心に占領地域を分け合った。一九四五年七月のポツダム会談で四カ国は、「占領下のドイツを一つの経済単位としてあつかう」ことを確認したが、実際には各占領国の判断ですすめられた。ソ連は占領地内の工場や鉄道などを解体して自国へ搬送し、多くの研究者も強制連行するなど、賠償金の「現物取得」を大規模に展開する。また、ユンカーと呼ばれたドイツの大農場を農業労働者へ解放し、労働組合幹部を再教育して占領地の共産主義化を推進した。

一方、アメリカの占領政策は懲罰的な姿勢で始まった。その背景には、ヘンリー・モーゲンソー財務長官の存在がある。ドイツから移住したユダヤ人子孫のモーゲンソーは、ドイツの戦後処理案（モーゲンソー計画）を終戦前からルーズベルト大統領へ進言していた。ルール地方とザール地方の二大工業地帯を破壊し、重工業を壊滅する。ドイツをジャガイモと牛乳しか生産できない農業国に変え、戦争能力を未来永劫に喪失させる。これが計画の骨格であった。大統領の急死（一九四五年四月）後、副大統領から昇格したハリー・トルーマン大統領がかれを対独政策からはずし、これに反発したモーゲンソーが辞任したため、計画は却下された。にもかかわらず、アメリカのドイツ占領政策は復興支援をいっさいおこなわないことを基本に始まったのだ。

それに、一九四五年七月のポツダム会談で米・英・ソ三カ国首脳が、「ドイツ人へ食料を過剰に与えてはならない」ことを確認していたため、赤十字の救済物資は拒否された。「ドイツへ食料を送ってはならない。飢えさせることが懲罰なのだ」。ドイツ駐留イギリス陸軍のモントゴメリー総参謀長のこうした考えが、占領地では主流をなしていたのだ(52)。

だが、二人のアメリカ人がこの懲罰政策を変えていく。ジェームズ・バーンズ国務長官とハーバート・フーヴァー元大統領であった。一九四六年九月六日、ドイツのシュッツガルトを訪問したバーンズは、「ドイツ政策の見直し」について演説した。このなかでバーンズは、ドイツの領有権拡大を画策するソ連とポーランドを強く牽制し、同時に、ドイツに対する懲罰的な占領政策の変更と非軍事事産業の復興、そして民主的な政府の樹立を支持すると発言した。「希望の演説」とドイツ人が呼んだこの演説は、共産主義勢力の拡大を許さないとするトルーマン政権のメッセージでもあった。これ以上の貧困と飢餓へドイツ人を追い込めば、占領地内の共産勢力が勢いづき、これをあやつるソ連の影響力がドイツ全土へ拡大しかねない。そうした危機感が「希望の演説」の背景にあったのだ。

一方、第一次大戦で連合国への食料支援に尽力した経験のあるフーヴァーが、大統領の特使として一九四六年一二月ドイツを訪問し、食料事情を調査した。帰国後フーヴァーは、「アメリカおよびイギリスのドイツ占領地における食料供給は、ヨーロッパで最悪の破滅的な状態にある。飢餓浮腫の患者はハンブルグだけで一万人に達し、昨秋の三カ月間で七〇歳以上の死亡者は四〇％も増えた」と報告し、青少年へのスープ配布や労働者への配給増、ジャガイモ四〇万トンと種イモ二〇万〜二五万トンの供与などの緊急援助を大統領へ勧告した。

この勧告は反発をかった。前年秋、北半球の穀物生産は天候不順で不作となり、ヨーロッパでは穀物とジャガイモの生産が戦前の七三％へ減少した。頼みのアメリカにも、小麦在庫は八〇〇万トンほどしかない。多くの国が食料危機に直面するなか、なぜドイツへの支援なのか。だが、フーヴァーはこう断言して反発をしりぞけた。「わが占領軍の安全と健康を守りたいなら、秩序維持のための軍事費増をおさえたいなら、そして占領軍の費用全体を削減したいのなら、食料支援をやるしかない。私には他の方法が見つからない」(53)と。

一九四六年から四七年にかけ、アメリカの占領地では都市住民の栄養不足がピークに達し、四七年三月には、飢餓解放を求める労働者のストライキや民衆の大規模なデモが発生した。こうした状況のなか、トルーマン大統領はフーヴァー提案を実行した。これを契機に、ドイツへの民間支援も急増し、餓死者の激増という最悪の事態が回避されたのである。

飢餓体験を風化させない歴史教科書

二度目の「飢餓の冬」について、ブーフナー社の高校高学年教科書『ブーフナー・カレッジ歴史』はこう解説する。「都市部ではあらゆるものの供給不足が深刻となり、第一次大戦直後のような破局の状況にあった。カロリー摂取は終戦までに一日三〇〇〇キロカロリーから二〇〇〇キロカロリーへ低下し、一九四六年中頃、これが半分に減った。一般の消費者は薄切りのパン二枚と少量のマーガリン、一杯の牛乳入りスープ、それにジャガイモ二個で一日の食事としなければならない。人びとを苦しめたのは飢餓だけではなかった。燃料もなく、衣類も家財道具も不足していた。チフスやジフテリアなどの病気がまん延する。……商店に必要な物資がなく、闇市で物々交換するしかなかった。占領軍による食料と石炭の援助がなかったなら、事態は劇的に悪化していたに違いない。六歳から一八歳までの児童と青少年のために、占領軍は学校給食を実施した。特にアメリカからの食料支援によって苛酷な窮乏は少しずつ軽減されていった。それにくわえ、アメリカやカナダの市民から食料などの救援物資が西ドイツ側へ送られてきた。その数は九五〇万箱を突破し、現在の価値で一億七七〇〇万ユーロ（二〇一六年レートで約二一五億円）に達するほどであった」(54)。

前出の『歴史の時刻表』は次のように記す。「一九四五年まで動いていた鉄道や輸送施設の四〇%が機能不全に陥り、食料や生活必需品の配給はさらに困難となった。……特に一九四六年から四七年にかけた極寒の冬は、〝飢餓の冬〟として今も人びとの記憶にとどまる。多くの人びとが最低限の生活、あるいはそれ以下で暮らしていた。一日一人当たり少なくても二〇〇〇キロカロリーの食物が必要だったが、四六年のアメリカ軍占領地域では、配給が一三三〇キロカロリーしかなかった。ソ連の地域では一〇八三、イギリスの地域では一〇五六、フランスの地域ではわずか九〇〇キロカロリーにすぎない。栄養不足が欠乏症と高い死亡率をもたらした」(55)。

「飢餓の冬」の寒さは尋常でなかった。一九四六年一二月から翌年二月、ベルリンの平均気温は零下五・三度と、過去三〇年の平均〇・〇七度を五度以上も下回った。特に二月の平均気温零下八・二度は、一八八〇年からの観測史上二番目に低い記録で(56)、二月には異常寒波が毎日のようにドイツを襲っていたと推測される。

ドイツの教科書は「飢餓の冬」の餓死者の数を示していない。アレクサンダー・ホイサーらが著した『飢餓の冬《フンガー・ヴィンター》』は、「一九四六年一二月から四七年二月、ベルリンでは一〇〇〇人以上が餓死した。その半分が二月に集中した」と記すが、「(ドイツ全体では)数十万人が飢えと寒さ、あるいは疾病によって死亡した」(57)と書くにとどめる。

四分割統治のなか、各占領軍とも餓死や凍死の多くを病死などで処理した可能性が高く、実際には、相当数の市民が栄養失調のために零下二〇~三〇度の極寒をのりきれず、凍死したものと推測される。第一次大戦中の「飢餓の冬」が「カブラの冬」であったのなら、第二次大戦後の「飢餓の冬」は「凍死の冬」であったといえるだろう。

ところで、イギリスのインディペンデント紙(電子版)は二〇一四年七月一日、「危機にひんする英国の食料自給」との記事を掲載した。そのなかで同紙は、「地球温暖化の食料生産への影響や世界的な食料需要の増大など、将来の課題を考えるなら、海外に食料を依存しすぎるのは愚かなことになるだろう」(58)との主張を紹介し、一九九〇年代の八七%から二〇一二年の六八%へ低下した、同国の食料自給率に警鐘を鳴らした。

二〇一二年三月、EU(欧州連合)二七加盟国の二万六五九三人(回答者)に対し個別面談でおこなわれた世論調査によると、「回答者の七六%は、世界人口の需要に見合うだけ十分な食料が生産されていないことに懸念し」、「EUが、輸入食料への依存を減らすため、域内での食料生産をいっそう増やすことを、回答者の八一%が支持した」(59)。

戦中・戦後の食料難に関する歴史教育が、世論調査に影響しているかどうかは定かでない。ただし、ドイツやイギリスなどの教科書を分析すると、そこでは教科書の執筆者たちが、戦争の残忍さや非人間性を生徒たちの心に強く刻み込むための重要な情報として、戦中・戦後の飢餓や食料難を位置付けていることがわかる。

二世代あるいは三世代前の家族や遺族たちが実体験した苛酷な飢餓を、今の世代で風化させてはならない。その実体験を歴史の教科書を通じて若い世代へ語り継いでいく。今では日本と同じように、あるいはそれ以上に豊かになったヨーロッパの国々では、そのことの価値を多くの人びとが共有しているように思える。

二〇一五年一月二六日、ベルリンで開催されたアウシュヴィッツ・ビルケナウ収容所解放七〇周年の追悼式に出席したドイツのアンゲラ・メルケル首相は、「人類に対する罪に時効はなく、当時の残虐行為の記憶を後世に伝え、その記憶を鮮明に保つ責任を私たちは恒久的に負っている」(60)と述べた。まさに、首相自らが先頭に立ち、歴史と向き合う姿勢を国民と他国の人びとへ明確に示しているのだ。

だからこそドイツでは、戦争の苛酷さと残虐さを今の生徒たちへ伝えるためなら、塹壕に重なる兵士の屍や青年パルチザンの公開処刑、ユダヤ人の虐殺など、目をそむけたくなるほどの写真を、少しも躊躇《ちゅうちょ》せずに掲載するような、教科書の編集が実行されているのだろう。青少年たちが、飢餓の体験をふくめ、苦難の人生を強いられた先人たちに思いを寄せ、二度と戦争をくりかえしてはならないとするメッセージを受け継いでいく。そうした歴史教育の価値が、教育界と社会の両方からともに強い支持をえているからだともいえる。

ひるがえってみて、日本の歴史教育はどうなのか。歴史教科書は戦中・戦後の食料難についてどう書いているのか。本章の後段でその実態を具体的に検証してみよう。

3　食料備蓄の積み増しもせずに日米開戦に踏み切った日本

一九四〇（昭和一五）年一〇月、総理大臣直属の組織として、「総力戦研究所」が極秘裏に開設された。各省・軍・財界などから集められた三六人の若手エリート幹部が、武力・財政・外交・国内対策などの方向から国家総力戦の実効方策について研究したのだ。かれらが集中的に研究したのは、対米総力戦である。極秘研究の成果はどう出たのか。その結論は、「日米戦日本必敗」であった。

「少なくとも互角に戦える期間が二年で、四年後には国力がつき、最後にはソ連の日ソ中立条約の破棄による満州侵入となって日本が敗北する」(61)。そこでは、「食糧の消費規制、輸入確保、増産、配給機構等につき適当な措置を採る」ことが基本方針の一つとされた。しかし、ビルマ（現・ミャンマー）など南方からの米の輸入が日本商船隊の全滅で途絶し、配給米の量は大人一人当たり一日二合五勺を二合一勺まで減らすなど、厳しい食料不足の到来が想定された。必敗の最大の要因とされたのは、石油・食料・船舶など主要資源の供給力における日本の劣勢である。当時の日本における最高の若手頭脳集団は開戦前から、太平洋戦争の結果を正確に予測していたのだ。まさに歴史の皮肉としか言いようがない。

一九四一年八月二七〜二八日、極秘研究の経過報告会が総理官邸でおこなわれた。「日本必敗」の報告を受けた、時の陸軍大臣東条英機は、「これはあくまでも机上の演習であり……、戦《いくさ》というものは、計画通りにいかない。意外裡なことが勝利につながっていく。……君たちの考えていることは、……その意外裡の要素というものをば考慮したものではない」と述べ、さらに、「この机上演習の経過を口外してはならない」と、くぎを刺したといわれる(62)。

一九三八年の段階で、世界の工業生産高に占める日米のシェアには、三・八%、二八・七%と、七・五倍以上の差があった。資源の供給力でも日本が負けるのは、戦う前から歴然としていた。それでも、短期戦であればアメリカを窮地に追い込み、講和の席へ引きずり出せる。多くの軍指導者は自らに都合の良い、楽観的な「確信」に執着していたのだ。

南方産米の輸入と国産米の供出に頼った戦時食料体制

日本の農業は、明治から大正にかけた人口急増と一人当たりの消費増に見合うだけの反収増を、実現することができなかった。水田の新規開拓は、土地資源と財政上の制約によって限界に達し、反収増も頭打ちの状況に陥った稲作農業は、国内需要をまかなう力を有していなかったのだ。このため、満州事変（一九三一年）から日中戦争勃発（一九三七年）までの八年間、米の輸移入量は年間一七〇万～二一〇万トン（消費量の一二～一九％）に増大する。この間に米は、三回も凶作に見舞われた。特に三一年と三四年、生産量はそれぞれ前年比一七％減、二七％減と落ち込んだ。それでも当時の日本は、その都度、植民地からの輸入を増やして不足を補うことができたため、国内生産は不安定な状況が続いたにもかかわらず、市場価格は低迷し、全体として米は、「過剰供給」とみなされていたのだ。

ところが、一九三九年に事態は急変した。朝鮮で未曾有の大干ばつが発生し、天水に大きく依存していた朝鮮の米生産は前年比三二％減、翌年の本土への移出は七万トンにまで激減した（一九三七～三九年期の年平均移出量は一二五万トン）。この年は西日本も干ばつに襲われ、米の収穫が平年の六割、日本全体でも前年比一一％減となった。日中戦争が長期化の様相を呈し始めたさなかに、米の需給は「過剰」からひっ迫へ急変したのである。

この直後、日本は戦時食料体制へ一気にカーブをきった。朝鮮米などの植民地米への依存から、タイ産やビルマ産などの外米輸入依存へ転換をはかるとともに、一九四〇年四月から米の強制出荷（供出）命令を全国の生産農家へ発し、主食の安定確保に備えようとしたのだ。同時に消費者には、翌年四月から東京・大阪など六大都市で米の配給制度を導入し、一二月までに全国へ拡大した。配給は大人一日二合三勺（約三三〇グラム）を基準としたが、その量は、三五～三九年の家計費調査（内閣府）の平均消費量（三・五六九合）を、三六％も下回る水準であった。

開戦前の日本は、米・英などの連合国による経済制裁（ＡＢＣＤ包囲）に備えるため、石油などの軍需資源の輸入を緊急に増やした。これで当面の戦力保持に必要な物資の備蓄は確保できたと、軍指導部は確信したのか、食料備蓄の積み増しをはかろうとはしなかった。しかし、一九四一米穀年度への米の繰越量は六五万トンしかなく、過去三年の平均を三五％も下回っていた（総供給量の五・五％、三週間分の消費量に相当）。主食の備蓄は枯渇寸前の危険な状態にあったのだ。

日中戦争が泥沼化していた一九四一年一二月、日本は、ＡＢＣＤ包囲を突破して南方の石油やゴム、食料などを収奪するため、連合国との戦争に踏みきった。それは、総力戦をささえるための戦時食料体制を脆弱な状態に放置したままの、危険な開戦であった。繰越在庫が供給量の五％ほどという低水準に張りつくなか、日本は、五〇〇〇キロも六〇〇〇キロも離れた南方からの外米輸入に依存度を高めていく。国民には配給制度によって食料消費の抑制を強要し、農家には徹底的な供出増をせまる。日本には、これしか、戦時食料を確保するための手立てがなかった。それでも、日米開戦前夜、一九四一年一一月の御前会議で、鈴木貞一企画院総裁は天皇へこう報告した。「（米は）台湾より約四七万トン、朝鮮より九四万トン、内地において八八七万トンの他、タイより四五万トン、仏印（現・ベトナム）より七四万トン輸入し、需給を計算している」(63)。しかし、実現したのは翌年の南方産米だけで、四三年の輸移入量はその半分にも達しなかったのである。

「欲シガリマセン勝ツマデハ」

米の供出増をはかるため、農家に対する政府の締め付けは年々強まっていった。米の生産量に占める供出量の割合は一九四一年の五二％強から徐々に引き上げられ、朝鮮での不作がふたたび起こった四三年以降、農家は自家消費分を減らしての「節約供出」に応じなければならなくなった（終戦の四五年には供出割合が六八％へ）。

しかし、政府の供出制度にはそもそも無理があった。徴兵や軍需工場への徴用、高賃金労働への転職などによって、農家の労働力不足が年々深刻化していく。一九三七～四四年の間、男子農業従事者は八二八万人から六九〇万人へと、一三八万人以上も減り、女子従事者も八一一万人から七七五万人へ減少した。前線の兵士と銃後の社会を食料でささえる農業の生産現場が、女性と高齢者にまかされていったのだ。

生産資材も著しく不足した。開戦後、窒素工場は爆薬製造などに転換され、リン鉱石などの輸入途絶で化学肥料の投入が激減する。一九三六～四〇年期と四一～四五年期における窒素（葉肥《はごえ》）、リン酸（実肥《みごえ》）、カリ（根肥《ねごえ》）の年間投入量はそれぞれ三四％、六一％、八一％も落ち込んだ。鍬《くわ》や鎌などの小型農具の生産も減り、一〇〇万頭ちかくの馬が中国などの戦場へ送られた。生産現場は耕作と輸送の貴重な手段を失ってしまった。このように、日本の戦時食料体制は、長期戦に耐えうるような実態になかったのである。

政府は一九三八年、国家総動員法を制定し、経済の戦時体制化にのり出した。前年に起こった日中戦争の長期化に備えるためである。同法の第二条は、総動員物資として、兵器などの軍用物資にくわえ、被服・食料・飲料・医薬品・燃料・電力など、生活にかかわるほとんどすべての物資を、戦争遂行のために政府が管理・統制することとした。三八年一二月から年末年始の贈答、忘年会などの廃止と、貴金属や装身具などの販売が禁止された。四〇年にマッチと砂糖の切符制による配給が始まると、菓子類が店頭から消えていく。街には「贅沢は敵だ」のポスターがあふれ、四二年末には、「欲シガリマセン勝ツマデハ」の標語がくわわって、人びとは窮乏生活の徹底を強いられた。

一九四二年二月制定の食料管理法は、それまでの食料配給制度を一変させた。米麦とともに小麦粉や乾麺、サツマイモ、豆類、粟などの雑穀を主要食料と位置づけ、これらの一定量を米に換算して配給する「総合配給制度」が、四二米穀年度から実施されたのだ。魚の供給も激減する。漁民の出征・徴用と燃料不足による操業減で、四一〜四五年の漁獲高は、河川での漁業と養殖をふくめても、三八四万トンから一八三万トンへ五二％も落ち込んだ。国民の重要なたんぱく源が半減したのだ。こうして、配給の量的減少と質的悪化がすすんだ。大阪市では、一九四三年四月の配給による熱量摂取量が一人一日一五五三キロカロリー、これに買出しなどを足した実際の摂取量は一九三〇キロカロリーであったが、四五年七月にはそれぞれ一二二七キロカロリー、一八二四キロカロリーへ低下する(64)。

食の窮乏は子供の成長に重大な影響を残した。文部科学省の学校保健統計によると、終戦から三年たった一九四八年、たとえば中学一年男子の全国平均の身長・体重（カッコ内は戦前の三九年の数値）は、一三五・〇センチメートル（一三七・八センチ）、三一・四キログラム（三二・五キロ）と、一九二〇（大正九）年頃の水準へ戻ってしまったのだ。その後、戦前（三九年）の水準へ回復するのに五年もかかった。ちなみに、二〇一四年の中一男子の身長・体重は一五二・五センチメートル、四四・〇キログラムで、一九四八年の中一男子の数値は、二〇一四年における小学四〜五年男子とほぼ同じ水準である。

飢えと病で死亡した一二〇万人の日本兵

飢えに苦しめられたのは、銃後の社会だけではない。前線の兵士を襲った飢餓は残酷すぎた。わずかな米を持たされて戦場へむかった兵士に、糧食補給が続かない。南方の孤島に置き去りにされた多くの兵士が、飢えと病で無念の死をとげる。「病死者と戦地栄養失調症による広い意味での餓死者は、合計で一二七万六二四〇名に達し、全体の戦没者（二一二万一〇〇〇名）の六〇％強に達した」。『餓死した英霊たち』の著者藤原彰の推計である。

インパール作戦（一九四四年三～七月）は、こうした戦いの一つであった。「どの点からみても成算のないインド領への大挙侵攻を計画するなど、無謀というほかない（インパール）作戦が、第十五軍司令官・牟田口廉也中将の功名心から実行された」のだ(65)。米・英などの連合国は、日本軍と戦う蔣介石の中国国民政府へ軍事支援を続けていたが、イギリス空軍の支援基地はインド北東部アッサム地方のインパールにあった。このインパールから中国本土への支援ルート（援蔣ルート）の遮断が、作戦の目的とされた。

ただし、日本軍がビルマ側からインパールをめざすには、雨期に川幅が一キロにもひろがるチンドウィン河を渡り、標高二〇〇〇メートル以上のアラカン山脈（幅二〇〇～二五〇キロ）を踏破しなければならない。作戦の検討が始まった一九四二年の秋、武器・弾薬・食料の補給の困難性から牟田口中将自身もインパール攻略に消極的であった。ところが、太平洋戦線での戦局悪化が同中将を豹変させた。「わたしは盧溝橋事件のきっかけを作ったが、事件は更に拡大して支那事変（日中戦争）となり、遂には今次大東亜戦争にまで進展してしまった。……インドに侵攻し、大東亜戦争に決定的な影響を与えることができれば、今次大戦勃発の遠因を作ったわたしとしては、国家に対して申し訳が立つ」とした牟田口中将は、四三年三月までに作戦決行を決意し、急きょ準備にとりかかったのだ。

しかし、数百キロにもおよぶジャングルに、重火器を運ぶ自動車部隊の輸送路を数カ月間で作れるわけがない。「インパールやコヒマに行き着くまでは、各人の携行糧食と野草や現地食料で食いつないでいく。輸送用の馬も兵士の食料として計算にいれてある」。第十五軍兵站主任の薄井誠三郎参謀は、ビルマ方面軍の幹部にこう説明した。「そんな危険な方法でこの大作戦ができると考えているのか」と詰問されると、「(牟田口)軍司令官の方針だから、われわれの意見ではどうにもならない」と、薄井参謀は答えるしかない。インパール作戦は、このような状況のもと、一九四四年三月八日に開始された。

二週間分ほどの食料を携行してインパールをめざした八万五六〇〇人を超える兵士たちは、インパール北方のコヒマを一時占領したが、制空権を有するイギリス空軍の攻撃を受け、前進をはばまれる。弾薬と食料はつきはてた。しかし、補給が続かない。「インパールは、(一九四四年)四月二十九日の天長節(天皇誕生日)までには必ず攻略してご覧にいれる」と、短期決戦を約束した牟田口中将も七月五日、作戦中止命令に同意せざるをえなくなった(66)。

その前後から兵士たちの敗走が始まった。南方の戦場へ送られる兵士には、『これだけ讀めば戦は勝てる』と題する、戦闘マニュアルが配布されていたが、「ジャングル内の行動」については、「(ジャングルのような)地形に弱い西洋人には不向きであるから、その裏をかくため、しばしばこれを突破しなければならない。準備して断行すれば大丈夫だ。ただ、方向の維持と水の補給が何より必要である」(67)

とある。しかし、マニュアルは何の役にも立たなかった。すでに雨期に入ったアラカン山脈は、年間降雨量が五〇〇〇ミリを超す、アジア有数の豪雨地帯で、飢えとマラリアなどの病で倒れる兵士が続出する。帰還時の兵力は一万二〇〇〇人にまで減り、敗走の道は、ビルマ人が「白骨街道」と名付けたほどの惨劇の場となった。

前出の藤原彰は、ビルマでの戦没者総数一八万五一四九人（ビルマ戦線全体の作戦兵力は三〇万三五〇一人）のうち、「七八％、ほぼ一四万五〇〇〇名が……栄養失調死と、体力の低下によるマラリア、赤痢、脚気などによる死亡で、広い意味での餓死といえる」(68)と推計する。一方、南海の孤島に置き去りにされた日本兵の多くも、飢えと病で倒れた。中部太平洋の離島から終戦後に帰還した海軍軍医は、次のような報告を残している。

一九四四年九月からあらゆる物資の補給が途絶したヤップ島では、残った米麦保有量が三カ月分ほどで、一日一人当たりの消費量は九月の四五〇グラムから翌年二〜四月の六〇〜八〇グラムへ激減した。一二月から五月の食料事情が最悪で、摂取熱量は一日平均一一五〇キロカロリーにとどまった。四四年五月から四五年一〇月の間、ヤップ島の総員一〇七〇人のうち、二〇三人が死亡したが、栄養失調症および脚気などから栄養失調に転症した者が九二人、戦死八九人、肺結核・腸チフスなどの病死二一人。すべての栄養失調患者に共通した症状は、筋肉が萎縮してやせ細る羸痩《るいそう》と浮腫で、浮腫の重症者のなかには、肺水腫や声門浮腫が生じて呼吸困難となった者もある。多尿は初期から中期に、皮膚乾燥は中期および末期に、そして終期には、昏睡状態に陥り、時には緩慢に四肢を動かして暗中模索する者もいた。瞳孔は縮小し、四肢は冷え、数時間ないし十数時間後に死亡した(69)。

軍指導部の功名心と過信に満ちた楽観論にねざす無謀な作戦によって、一二〇万人を超える兵士が飢えと病による無念の死へ追いやられた。これこそ、軍指導部の犯罪といえよう。しかし、「戦争犯罪を裁いた東京裁判は、日本の国民に対する罪で戦争指導者たちを起訴することはなかった」(70)。前出リジー・コリンガムの指摘である。

アメリカ軍の「飢餓作戦」と日本の食料危機

一九四二年六月、ミッドウェイ海戦での日本軍大敗を境に、戦局は一変した。東南アジアや南太平洋諸島へ侵攻して戦線を拡大した日本は、アメリカなど連合国の反攻によって、占領地域と日本列島をむすぶ海域の制海権を失ったのだ。石油やゴムなどの資源にくわえ、一〇〇万トンを超す南方産米の輸入が途絶する。開戦時の保有船舶は六四六万総トン、戦時中の新造船は約三三七万総トン、これに拿捕《だほ》船など二六万総トンを足して、日本は合計一〇〇九万総トンの海上輸送力を有していた。しかし、終戦時の可航船舶は一一六万総トンしか残らない(71)。三年あまりの海戦で日本は九〇%ちかくの輸送能力を失ったのだ。

日本の海上輸送は、アメリカ軍の潜水艦が発する魚雷と爆撃機の攻撃によって徹底的に破壊された。「(日本の)船舶の破壊だけで勝負は既に決まってしまっていた」(72)が、最後に同軍は、海上封鎖で日本の息の根を止めた。「飢餓作戦」と呼ばれた、文字通りの兵糧攻めによって、満州と朝鮮・台湾からの米や雑穀、大豆などの食料輸送がほぼ完全に止まったのだ。一九四五年に朝鮮半島から本土の港へ到達した米は、二三万七〇〇〇トンにすぎない(太平洋戦争中の最大の移入量は四一年の二六一万トン)。

一九四五年三月二七日、下関海峡の機雷封鎖で「飢餓作戦」は始まった。ほぼ四カ月半の間に日本および朝鮮の主要な港湾、瀬戸内海、本州沿岸へＢ29などの爆撃機が約一万二〇〇〇個の機雷を投下し、日本の海上輸送を麻痺させた。日本軍も反撃したが、アメリカ軍の機雷投下機の損耗率は一％未満（一五機）にすぎない。ちなみに、アメリカ空軍大学上級航空戦力研究所学校（アラバマ州マクスウェル）の教材『第二次世界大戦における機雷投下』は、「日本の喪失・破損船舶八九〇万総トン（総輸送船舶の八八％以上）のうち、五四・七％が潜水艦、三〇・八％が爆撃機、九・三％が機雷によるが、四カ月半という機雷投下作戦の短い期間を考慮するなら、同作戦が最も経済的であった」(73)と評価する。

戦争終結の数カ月前から食料配給制度は破たん状態に陥り、政府も新聞も「未利用資源」の活用を国民へ呼びかけた。婦人雑誌にはヨモギやドクダミなどの野草をアク抜きして食べる方法や、夏ミカンの皮・茶がら・スイカの種などの食べ方が掲載され、新聞は、陸軍糧秣廠《りょうまつしょう》発表の「イナゴ・バッタの揚物・佃煮」や「鼠の食べ方」まで報道した(74)。

敗戦後の食料事情はさらに窮迫した。植民地米は消え、食料の輸入も許されない。一九四五（昭和二〇）年の夏期に東北・北海道をおおった異常低温による冷害に、九月から一〇月に相次いで襲来した枕崎台風と阿久根台風の農業被害が重なり、同年産米は前年比三三％減、〇五（明治三八）年以来の大凶作となった。日本は未曽有の食料危機に直面したのである。

しかし、九月二二日アメリカ政府が日本側に示した、「降伏後に於ける米国の初期の対日方針」は、その「平和的経済活動の再開」のなかで、「日本の苦境は日本国自らの行為の直接の結果にして、連合国はその蒙りたる損害復旧の負担を引き受けざるべし」と明言するものであった(75)。

占領政策は冷徹な方針のもとに開始されたのだ。それでも日本政府は、一九四五年一〇月、連合国軍最高司令官総司令部（GHQ）に食料四三五万トンの輸入を懇願した。市民も食料を求めて立ち上がった。一一月一日、「餓死対策国民大会」が東京日比谷公園で開かれ、代表者がマッカーサー連合国軍最高司令官を訪問して、「大人一人一日当たり米三合（約四三〇グラム）の配給実現を要請した」(76)。しかし、GHQは占領政策の基本を崩さない。都市部では餓死者がすでに増え始めていた。四五年一〇月、東京では上野駅構内だけで餓死者が一日平均二・五人、多い日は六人、大阪市では八月から一〇月に一九六人、京都市では同期間の「行路死」が三〇〇人を超えた(77)。

配給食料の確保は、終戦後の政府にとって最優先の課題となった。しかし、特別な妙案があるわけではない。戦時中と同様、農家に米や麦などの強制出荷をせまるしか方策がなかった。政府は買入価格の引き上げや、肥料・地下足袋の特別配給など、農家への報奨措置を実施し、くず米や麦、サツマイモなどを米の代替として認める、「総合供出制」も導入した。それでも、供出は増えない。前年比三三％減もの米凶作にくわえ、配給の遅配・欠配に危機感をいだいた都市住民が大挙して近郊農家へ直接買出しに押しかけたことも、政府へ米が集まらない要因となった。配給制度そのものに不信感を強めた市民と、供出増をせまる政府が、農家の米を「奪い合う」という事態が全国的にひろがったのだ。

一九四六年に入っても配給米の遅配・欠配が続き、五月の東京では配給量が二合一勺（約三〇〇グラム）から一合五勺（約二二〇グラム）に削られた。このため、都市住民は、闇市場や農村への買出しで最低限の食料を自ら確保しなければならない。全国各都市での空襲で焼け出された数千万人におよぶ住民の多くは、すしづめ列車で郊外へ出かけて農家を訪問し、焼け残った衣類などと米やサツマイモとの物々交換に頼るしか、飢えをしのぐすべがなくなった。筍《たけのこ》の皮を一枚いちまいはいでいくように、なけなしの衣類と交換して食料を確保する市民の暮らしを、当時の新聞は「タケノコ生活」と呼んだ。

闇市場が急速に拡大し、闇値は高騰を続けた。一九四五年一〇月の東京で、白米の闇最高値が公定価格の一三二倍、砂糖二六七倍、鶏卵一二倍、サツマイモは四二倍に達する。破局的なインフレがひろがるなかで、経済的な弱者の窮乏は厳しさを増した。翌年の四月一二日、小説家の高見順は日記にこう書いている。「アメリカ兵が木の下で白いパンを食べている。腹を空かした日本の子供がそのまわりに集まって、生唾を呑みこみながら、それを見ている。たまらなかった。アメリカ兵が食いかけを捨てると、飢えた子供たちは、それを拾って食べるのではないか。そこまでは見なかった。しかしそこまで充分想像された」(78)。

一九四六年の日本では、一〇〇〇万人、悪くすれば三〇〇〇万人の餓死者が出るとの流言がながれ、全国各地の地方都市にも、市民の米よこせデモや飯米獲得集会がひろがった。五月一日、一〇年ぶりに開かれた東京でのメーデー集会には一〇〇万人以上（主催者発表）が集まり、同月一九日には、二度目の「食糧メーデー」（飯米獲得人民大会）が皇居前で開かれ、二五万人を超える労働者や主婦、それに小中学生までが参加した。

大会は「飯米獲得のための法案」制定を求めた。この説明に立った鈴木東民（関東食糧民主協議会）は、「吉田反動内閣を葬るために、いまこそ労働者の実力を発揮せよ」(79)と訴える。飯米獲得の運動が、内閣打倒の様相を呈していたのだ。

アメリカの援助で最悪の事態を回避した日本

「食糧メーデー」が開かれる数カ月前から、ＧＨＱは水面下で、対日食料支援に踏み出す準備をすすめていた。食料危機をめぐる日本国内の混乱が、暴動あるいは内乱に発展しかねない。危機感を強めたＧＨＱは、食料支援への方針転換をやむなしと判断したのだ。

一九四六年二月、東京・芝浦に保有されていたアメリカ軍の小麦粉一〇〇〇トンが政府へ引き渡され、「コッペパン八一〇万七九一二個に加工されて、……東京三五区・立川市・八王子市・武蔵野町・三鷹町に対し一人当り二個」(80)が配給された。ＧＨＱが認めた輸入食料の最初の放出である。五月からの六カ月間に輸入と放出が認められた穀物（五五万トン）と缶詰（一四万トン）は、六八万七〇〇〇トンに達した。政府が懇願した量には遠くおよばなかったものの、米の端境期であった七〜九月には、輸入食料が要配給量の二七％から三四％を占めた(81)。多くの都市住民が、特別配給の小麦粉ですいとんやうどんを作り、コッペパンと缶詰のコンビーフなどを分け合いながら、米の欠配をのりきったのだ。

一九四七年には、四六年産米の豊作と四七年の食料輸入の倍増（一五八万トンへ）が、日本の食料危機を救うことになる。米の収穫量が前年比五七％増の九一二万トン、作況指数一一一と、驚異的な回復を実現した。これには好天の他に、もう一つの要因があった。復員軍人や引揚者など一〇〇万人以上の農業者が専業農家に復帰したのだ。四六年、専業農家の数は三〇六万戸、敗戦前年をほぼ一〇〇万戸も上回った。男手を失い、兼業農家へ転じていた農家が専業へ戻り、人海戦術で米の生産を大幅に回復させたのである。

米の生産回復基調はその後も続き、一九四八年一一月には、米の配給が二合七勺（約三八〇グラム）へ増えた。国民の多くは、この頃までに、食料危機の最悪の事態はのりこえたことを実感したに違いない。そして、終戦から一〇年がたった五五（昭和三〇）年の大豊作（一二〇七万トン）が、戦前における米生産量の最高記録一〇四四万トン（一九三三年）を上回った。この年の前後から、配給手帳を持参しなくても米はどこでも買えるようになり、人びとは飢餓の時代から完全に抜け出すことができたのである。

飢えから解放された多くの日本人が、「物」と「金」への渇望に、よりいっそう強くつき動かされ、高度経済成長の実現にむけて突進し始める。それはこの頃のことであった。戦後、アジアの奇跡といわれた経済発展の礎石は、食料供給の安定化であったのだ。

一九四一年の米の配給実施から終戦までの四年間、そして戦後のほぼ一〇年間、食べるのに精いっぱいの生活を強いられたことが、多くの日本人のその後の精神構造に強い影響を与えたことは、まぎれもない事実である。飢餓の苦痛を二度と味わいたくない、子供たちのために飢えのない、豊かな社会を作りたい。高度経済成長を実現させた人びとのそうした思いが、今日の社会と経済の基盤として、今につながっているように思える。

4　教科書が書かないアメリカからの食料支援

戦中・戦後の食料難が日本の高校歴史教科書に登場するのは、一九五〇年代初めからである。その後、九〇年代なかばまでの教科書は、食料難に関する記述をほぼ改訂ごとに増やしていた。そこでは、「米の配給制」や「代用食」、「闇市」、「買出し」などが共通のキーワードとなり、それらの具体的な解説が戦中・戦後の窮乏生活を強く想起させた。

そうした記述は、たとえば、次のようなものであった。「配給量も敗戦直前には、おとな一日（二合三勺から）二合一勺にへらされた。……一九四五年の東京では、副食物の配給量が都民一人あたり一日分ねぎ一本、五日分として魚一切れほどになった」(82)、「農業生産額は、戦争による働き手の減少や肥料・農機具の不足によって減り続け、供出額は低下した。外地からの食糧輸送も途絶し、……全食品が配給制となった一九四四年以後は、民間人の配給量は、生存に必要な最低カロリーを下回り、行列や買い出し、闇買いで食料を求め、露命をつなぐ者が多くなった」(83)。「物資の不足が著しくなるのにともなって、食糧の買出しや闇取引きがさかんになり、また統制の裏面において、軍や役職を利用した不正が、半ば公然と行われた」(84)。

簡略化する食料難の記述

戦後の食料危機についても、教科書は詳しく解説した。ある教科書は、「一九四五～四八（昭和二〇～二三）年、食糧事情は悪化の極に達し、主食配給の遅配・欠配は日常化した。都市の人びとは、あらそって農村に買出しにでかけ、大切な衣類と食糧とを交換した」(85)と書いた。また、「いもなどを米のかわりに主食としなければならない場合も多く、衣・食・住ともみじめな生活をつづけた者が少なくなかった。今日からは想像もできないような苦しさに人びとはたえてきたのである」(86)との記述もある。「食糧事情は、敗戦の年の凶作によってその極に達し、主食配給の遅配・欠配がつづいた。輸入もできず、アメリカからの物資放出も焼け石に水の状態だった」(87)と解説する教科書もあった。

ところが、二〇一四年度使用の高校歴史教科書『日本史B』一九点に、このような文章を見つけることはできない（以下、二〇一四年度『日本史B』という。なお、これら一九点のうち、一三点は一六年度、八点は一七年度でも使用された）。

「食料生産は労働力不足のためいよいよ減少し、生きるための最低の栄養も下まわるようになった」(88)。多くの教科書がこうした簡潔な記述で済まし、配給悪化などの具体的な現象に関する解説は大幅に減った。買出しや闇市、一九四五年の米凶作などに言及し、戦後の食料難を四〜五行の文章に記述する教科書は七点あるが、他の一二点は一〜三行、あるいは脚注で、「米の供給地であった台湾や朝鮮を失ったことで、戦争末期から続いていた食糧不足は、戦後、いっそう著しくなった」(89)などの解説にとどまる。植民地米の途絶や四五年の凶作を本文に記した教科書はそれぞれ七点しかなく、多くの教科書が、「買出しや闇市で生活物資を買いもとめる苦しい生活だったが、人びとは、空襲のない平和な暮らしに期待をもちはじめた」(90)などと、経済復興の時代へ移る変化を強調する。

人びとの窮乏を思い起こさせる写真も減少した。一九八〇〜九〇年代の教科書には、配給所や食糧キップ、闇市、買出し、アメリカ軍の援助物資に群がる児童など、少なくとも二〜三枚の写真が掲載されていた。しかし、二〇一四年度『日本史B』のうち、一三点は戦時中のこうした写真を一枚ものせていない。戦後の写真については、一枚しか掲載していないものが一一点（ほとんどの教科書が買出し列車の写真を掲載）、一枚ものせていないものが三点ある。戦中・戦後の食料難に関する歴史教科書の記述では、簡略化がすでに定着しているのである。

戦後におけるアメリカからの食料援助について触れる『日本史B』は、ほぼなくなった。「一九四五～五一（昭和二〇～二六）年には占領地行政救済資金（ガリオア資金）による緊急食糧輸入が実施された」(91)などと、五点の教科書が本文あるいは脚注で短く言及するが、具体的な記述は見当たらない。アメリカの軍事予算から出されたガリオア資金は総額一八億ドル（うち一三億ドルが無償援助）に達し、外貨をほとんど有しなかった戦後の日本は、この資金を使ってアメリカから食料や肥料、石油などを輸入することができたのだ。

ドイツの歴史教科書が、アメリカ政府からの食料援助と、民間支援団体（CARE《ケア》・対欧送金組合）による食料や衣類の「CARE支援箱」の両方について、当時の写真を掲載しながら、具体的に解説しているのに比して、日本の教科書は対照的である。

ただし、日本の教科書もかつてはこの食料援助について書いていた。一九五〇～七〇年代の高校の歴史教科書を振り返ると、「(深刻な食糧危機と悪性インフレーションが猛威を振うなかで)アメリカからは戦災者救済のためにララ（アジア救済公認団体）物資が送られ、ガリオア（占領地救済基金）やイロア（被占領地復興基金）の対日援助費が出された」(92)、あるいは、「総司令部は占領地救済政策によって食糧放出その他物資援助をおこない、国民生活の危機をふせいだ」(93)、「食糧不足の補充と、生産復興のために、アメリカ合衆国から多額の援助が与えられた」(94)などの記述を見つけることができる。

戦後、アメリカなどの民間団体による国際的な食料支援では、ヨーロッパ諸国の救済が先に始まった。アメリカで多数を占めるヨーロッパ系市民が、母国の戦争被災者や難民を救おうと立ち上がったのであり、それは自然の流れであった。

一方、こうした動きから一年ほど遅れたものの、一九四六年六月、日本での布教経験のあるアメリカのキリスト教指導者たちが、サンフランシスコ在住の日系人組織などと連携し、アジア救援公認団体（LARA《ララ》）を設立した。そのほぼ五カ月後の一一月三〇日、ララ救援物資を積んだ輸送船ハワード・スタンベリー号が横浜港に到着する。第一船がとどけた食料や衣類などは、トラック一〇〇台分の量であった。ララ物資は五二年までほぼ毎月送られ、総量は一万五二〇〇トンに達する。その七五％が穀物・ミルク粉・幼児用缶詰・干し肉などの食料で、一八％がオーバーや下着などの衣料品であった。救援物資は全国の乳児・児童施設、保育所・学校、母子寮などへ配布され、受配者は一四〇〇万人を超えた(95)。

ララ救援物資の約二〇％が、アメリカやカナダ、ブラジルなどの日系人から提供されたことも、私たちは記憶にとどめていない。『日系人とグローバリゼーション』のなかで飯野正子は、ホノルルのララ日本難民救済委員会が、四二万四〇〇四ドル一五セント相当のミルクや衣類、しょうゆ・みそ・昆布などを日本へ送ったことを明らかにし、「救援に携わった日系人は、日本との絆を断ち切るどころか、敗戦後の日本のための救援活動に参加することで、その絆をむしろ再確認した」と述べる(96)。

一方、前述したCAREは一九四八年から日本への支援も開始し、五五年までの八年間に食料や衣類など、当時の金額で二九〇万ドル相当の物資を送ってきた。援助物資の多くは、広島や長崎などの戦争被災地を中心に配布され、受給者は一〇〇〇万人におよんだ。

ところで、二〇一六年一二月二七日、アメリカのバラク・オバマ大統領とともにハワイ真珠湾のアリゾナ記念館を訪れた安倍晋三首相は、一九四一年一二月八日の日本軍による奇襲攻撃で亡くなった、戦艦アリゾナのアメリカ兵一一七七人などの犠牲者を慰霊し、その後におこなった演説のなかで、次のように述べた。「戦争が終わり、日本が見渡すかぎりの焼け野原、貧しさのどん底の中で苦しんでいた時、……皆さんが送ってくれたセーターで、ミルクで、日本人は未来へと命をつなぐことができました。……こうした皆さんの善意と支援の手、その大いなる寛容の心は、祖父たち、母たちの胸に深く刻まれています。私たちも、覚えています。子や孫たちも語り継ぎ、決して忘れることはないでしょう」(97)。しかしながら、子や孫たちが学ぶ日本史の高校教科書は、こうしたアメリカからの支援に関する具体的な事実について、生徒たちへ伝えることを相当以前に忘れてしまったのである。

マッカーサーへ食料援助を直接要請した昭和天皇

昭和天皇とマッカーサーは、アメリカ政府の対日食料援助に深くかかわったが、歴史の教科書はこの事実にも触れていない。終戦直後の一九四五年九月二七日、昭和天皇は、アメリカ大使館公邸でマッカーサーと初めて会談した。双方はこの会談の中身を公表しないことに合意したが、侍従長の藤田尚徳が書いた『侍従長の回想』（一九六一年）によると、昭和天皇は席上、次のような趣旨の発言をした。

「敗戦に至った戦争の、いろいろの責任が追及されているが、責任はすべて私にある。文武百官は、私の任命する所だから、彼等には責任はない。私の一身は、どうなろうと構わない。私はあなたにお委せする。この上は、どうか国民が生活に困らぬよう、連合国の援助をお願いしたい」(98)。

この年の一二月一〇日、松村謙三農林大臣が宮中に呼び出された。昭和天皇は、「多数の餓死者を出すようなことはどうしても自分にはたえがたい」と述べた後、皇室の御物の目録を大臣へ手渡し、「これを代償としてアメリカに渡し、食糧にかえて国民の飢餓を一日でものぐようにしたい」と指示した。幣原喜重郎首相を通じ、御物の目録はマッカーサーへ差し出されたが、マッカーサーは次のように述べ、目録を天皇へ返還するよう首相へ依頼したといわれる。「せっかくの懇請であるけれども、皇室の御物を取りあげて、その代償に食糧を提供するなどのことは面目にかけてもできない。……天皇の心持ちは十分に了解される。自分が現在の任務についている以上は、断じて日本の国民の中に餓死者を出すようなことはさせぬ。かならず食糧を本国から移入する方法を講ずる」。

松村農林大臣は『三代回顧録』のなかでこう書いている。「これまで責任者の私はもちろん、総理大臣、外務大臣がお百度を踏んで……(GHQへ食料援助を)懇請したが、けっして承諾の色を見せなかったのに……、食糧問題で苦しみぬいた幣原さんは、これでほっと安心し、うれし泣きに泣いた」(99)。

一九四七年以降、アメリカ産穀物の輸入が急増した。しかし、それは容易に実現したわけではない。マッカーサーの回想記にもあるように、「米下院歳出委員会は、米陸軍の予算を使ってかつての敵を養うことを私(マッカーサー)はどう正当化するつもりかという疑問を提起した」(100)。四五年一一月、来日したアメリカ政府賠償調査団の代表E・W・ポーレーは、「最小限の日本経済を維持するために必要でないすべてのものを、日本からとりのぞく。……日本人の生活水準は、自分たちが侵略した朝鮮人やインドネシア人、ベトナム人より上であっていい理由はなにもない」(101)との強硬姿勢をあらわにしていたのだ。

ところが、イギリスのチャーチル前首相が一九四六年三月、アメリカ・ミズーリ州フルトンのウェストミンスター大学の講演会で述べたように、「バルト海のシュテッティン（ポーランド北西部の港湾都市）から、アドリア海のトリエステ（イタリア北東部の海港）まで、ヨーロッパ大陸を横切って鉄のカーテンが降りた」(102)。この冷戦勃発が日本の苦境を救うことになる。

ドイツ占領政策の転換と対日食料援助

冷戦開始の背景には、ドイツ占領政策での米ソ対立があった。一九四五年四月に赤軍がベルリン制圧の先陣を切り、連合国側の勝利に貢献したソ連は、終戦後、その赤軍の大部隊を東欧諸国に駐留させたまま、ハンガリーや旧ドイツ占領地のポーランドなどに共産主義の傀儡《かいらい》政権を樹立していく。また、ドイツ占領地区では、早々と政党活動の自由を認め、戦時中モスクワに亡命していたドイツ共産党の幹部を多数復帰させて、占領区の行政機関を掌握させた。さらにソ連は、アメリカなどの西側占領地区へ共産党幹部を送り込み、パンよこせデモなどをひきいる労働組合を支援して、西側占領体制の切り崩しを画策したのだ。

一九四五年五月から七月の三カ月間に、ルーマニア、チェコスロヴァキアなどの東欧諸国もソ連の衛星国家におちていく。「鉄のカーテン」がドイツも飲み込む勢いで西へすすんできた。ソ連の膨張主義を目の当たりにしたアメリカの世論は、反ソ・反共へ急変していく。

　こうしたなか、アメリカのトルーマン大統領は一九四六年二月六日、全米ラジオ放送を通じ、世界の食料危機を救済するための緊急措置を突然発表した。大統領は、飢餓に苦しむヨーロッパ市民の窮乏について詳しく述べ、旧敵国のドイツをふくめ、世界の飢餓を救うために、小麦などの穀物消費を抑制するよう、国民に協力を呼びかけたのだ。

　さらに、トルーマンは、二代前のハーバート・フーヴァー元大統領に緊急飢餓対策委員会の委員長就任を要請し、一九四六年三月一七日から五七日間、ドイツや日本、インドなど三八カ国の飢餓実態調査を指示した。フーヴァーは訪問した国々から報道機関へプレスリリースを発表し、アメリカ国民むけの積極的な広報活動でトルーマンを支援する。当時のギャラップ世論調査を見ると、四六年二月末、「ヨーロッパの人びとへ食料を送るために肉やパンの消費を減らす」との回答が、実に六七％にも達し、五月の調査では、「食料を節約するために努力している」との回答が七四％へ増えたのである(103)。

　対ソ強硬策へ転じ、対独占領政策では食料支援を促進するトルーマン大統領に対し、アメリカの世論は支持を強める。マッカーサーＧＨＱ最高総司令官は、本国のこの変化を「好機」ととらえた。ＧＨＱは、アメリカ占領地区でドイツ人に認めた一五五〇キロカロリーの基準配給量をもとに、ドイツ人と日本人の身体条件の差を考慮して日本人には一二五〇キロカロリーが必要だと算出し、対日食料支援の強化を本国政府に求めたのだ(104)。

　マッカーサーは、来日したフーヴァー飢餓調査団にも積極的に働きかける。ともに共和党の仲間であったフーヴァー元大統領は、二日間の日本調査を終えた一九四六年五月六日、次のようなプレスリリースを報道機関に発表した。「日本は一定量の食料を輸入しなければならない。それがなければ、すべての日本人は、ドイツがブーヘンヴァルトやベルゲン・ベルゼンの強制収容所で与えた食料より少しだけましな配給に頼るしかなくなる。……アメリカの兵士たちが混乱の危険にさらされるのを回避し、また、飢餓が起これば避けられない伝染病のまん延にまき込まれないようにするためには、日本の食料輸入が必要である」(105)。帰国したフーヴァーは、四六年五月から九月に日本へ八七万トンの食料を送るべきだと、トルーマン大統領へ勧告する。GHQの対日支援要求を裏書きしたこの勧告によって、日本への食料援助がその直後から急増したのだ。

マッカーサーは回想記のなかで次のように書いている。「現在の状態で、日本への救済物資を止めたら、無数の日本人が餓死するだろう。飢えは大衆を不穏にさせて、混乱と暴力を引き起こす。私にパンを与えないのなら、弾丸を与えてもらいたい」とアメリカ議会に訴え、「私はパンを得た」(106)。「弾丸」は対日占領軍の増員であった。アメリカの世論が海外からの兵士の早期帰還を強く求めるなかで、日本への派遣増員など議会が決断できないことを十分に承知していたマッカーサーは、飢餓暴動発生の可能性を示唆しながら、対日食料援助への支持をとりつけたのである。

一九四六年産米の豊作、冷戦の勃発とアメリカの対独占領政策の転換、昭和天皇の食料援助要請、そしてマッカーサーとフーヴァーの連携が、日本の戦後の食料危機を救った。これらの一つでも欠落していたなら、戦後の歴史は別のものになっていたかもしれない。少なくとも、多くの日本人が戦前から強めてきた嫌米感情を、敗戦後まもなくして一気に親米感情へ急変させるようなことは、決して起こらなかったものと考えられる。

5　歴史の教科書から消えた「タケノコ生活」

戦後の「タケノコ生活」は、当時の都市住民の窮乏を象徴する事象として、昭和史の書にしばしば登場する。鴨下信一は、その著『誰も「戦後」を覚えていない』のなかで、「農家の人たちは、ぼくはあえて書くのだが、これまで散々都会の人間に馬鹿にされてきたのだから、うんとこらしめてやろうという悪意に満ちていた。……侮辱を我慢しなければ何も分けてもらえなかった」(107)と、自らの買出し経験を回想した。

こうした体験を引き合いに出し、農家に対する食べ物の恨みは死んでも忘れられないなどと書く歴史書もある。しかし、これでは、市民と農民の関係を単なるいがみ合いの歴史として再生させるだけで、農民のおかれていた当時の状況が見えなくなる。いささか公正さを欠く議論にもなりかねず、戦後の窮乏をもたらした本質的な問題も見失う。

市民と農民の倫理観を崩壊させた重大事件

終戦間もない一九四五年九月四日、内務省憲兵司令部は、その『治安判断』のなかで、「(配給活動の不円滑と農民供出意欲の激減により)二、三ヶ月の間、局所的には食糧に基因する騒擾《そうじょう》無きを保し難し」と、警戒感を強めた。飢えに追いつめられた都市住民が暴動を起こしかねない。それほど事態は緊迫していたのだ(108)。

九月一五日付けの内務省文書は、「軍並びに行政当局の言明、指導を信頼し、あらゆる悪条件を克服して」、農民は食料増産と供出に協力してきたが、「終戦による衝動は極めて大なるもの」で、「その士気はまったく沮喪《そそう》し、反面また反動的に軍、官等指導部層に対する不信、不満、反感は極めて深刻なる者がいる」と指摘する。さらに、同文書は、「勝ち抜くための供出だからどんな苦労も耐えてきたが、もはや供出は不要だ、今後は出す馬鹿はいないだろう」、「(指導部層の)奴らに喰わせる供出なら出す必要はない」といった農民の声を列記し、増産と供出にむけた農家の意欲の低下に危機感を強めた。また、『戦争終結後に於ける農民の声蒐集の件』と題する一〇月三日付けの警視庁の文書も、「いままでのような役人の指導では絶対に供出をせぬ」、「供出品は安い公定価格の上に代金を半年後に支払うのでは、馬鹿らしくて供出はできぬ」、「政府は増産と叫んでいるが、肥料の配給もせずに増産などできるものではない」などと、反発する農民の声を数多く記した。

敗戦直後から農民の意識が急変したのだ。それと同時に、米などの統制品の買出しが脱法行為だと承知のうえで、農村へ出かける市民が増え始める。銃後の規律を守ってきた人びとが、なぜその倫理感を一気に崩壊させたのか。一つの事件が引き金になったことを、当時の内務省の文書が明示する。それは軍幹部らによる軍需物資の「山分け」だった。

軍需物資と政府所管物資の民間放出は、一九四五年八月一四日の閣議で決定された。その後、八月二七日までの二週間、地方司令官などへの指示文書(一部は口頭示達)が一八回も発せられ、占領軍の接収対象になると予想された軍需物資が極秘裏に処分される。昭和天皇の玉音放送がおこなわれた八月一五日においてさえ、「戦争状態終結に伴う緊急措置の件」と題する極秘文書が関連部署へ発信され、兵器以外の軍需品、燃料・自動車・衣料・薬品等の物資を、陸・海・軍需省以外の省・地方機関または民間へ無償で払い下げることが指示された。この動きを察知したアメリカ軍は放出停止を厳命し、八月二八日の閣議は放出の中止と物資の回収を決めた。しかし、いったん始まった動きは止まらない。それどころか、物資の一部は地方自治体などへ払い下げられることなく、将校などの軍幹部の勝手な采配で分配されていく。その多くは組織的に隠匿、あるいはブローカーへ転売され、それが闇市場へ出回るという事態に発展していったのだ。

早くも八月二七日、内務省は関係部署へ極秘文書で注意を喚起した。「地元民や兵士等へ無雑作に贈与するなど恣意的な物資の処分をなす者が少なくなく、……莫大な数量の物資が会社幹部等に隠匿または不正受給せられる事象も巷《ちまた》では噂され、……国民思想に及ぼす影響は注目を要する」。また、同文書は、「自動車部隊の将校が軍保有の自動車を横領して自動車会社を運営する」、「将校などの軍幹部が軍のトラックで食料などを自宅へ搬送する」など、無軌道きわまりない軍需物資の横取りの事例を列挙した。

さらに、九月一五日付けの内務省文書は、物資放出の動向を次のように分析する。「(軍需物資の地元民や兵士への恣意的な処分、隠匿や不正授受など)無統制なる放出配分は戦後の混乱状態にさらに拍車をくわえ、特に一部軍、官、工場等の上層幹部の行動中には全く目に余るものありたる模様にして、一般国民に敗戦を当然視するの観念を与えたるやに看取せらる。しかもこれらの物資はいずれも久しきにわたり民需を極度に圧縮し、軍用ないし軍需資材として蓄積せられ、かつ目下、全国民の渇望し居るもののなるため、一般国民に極めて大なる反響を与え、……農民の食糧供出意欲を著しく消磨せしめたり」。

軍幹部と一部の官僚による物資の配分や隠匿のうわさは、全国各地へまたたく間にひろまり、軍と政府に対する国民の反発と怒りは頂点に達した。当時、長野県下に疎開していた作家の芹沢光治良は、

「軍当局のとった処置の不当なのを憤る」地元の人の話しを聞いて、「その話では軍がまけるのが当り前だと思った」(109)と、九月一日の日記に書いている。

九月二四日の内務省文書（『軍需物資放出状況』）には、怒りの声が満ちてくる。「帰還兵士が多くの米や砂糖、毛布などをもらって帰っているが、こうしたことは、今まで不自由を忍び黙々と働いてきた一般国民の思想に大きな悪影響を与える。軍人はあまりに勝手すぎる」。多くの復員兵が列車から降りた某駅の助役はこう批判した。また、某県の県会議員は、「駐屯部隊が国家の資材を個人的感情によって無統制に配分したことにより、過去において軍の横暴を我慢していた国民が、その数々の鬱憤を何かの機会に晴らさなければならない、との感情をいっそう強めることになった」(110)と述べた。

農民の声も各県警察署から内務省へ報告された。「今まで自分たちの不自由を忍んで一生懸命に米を供出してきたが、これを軍関係者だけが勝手に処分するのなら、もう今後は供出なんかできない」。軍需物資の放出を供出拒否の理由にする。こうした動きが農民の間にひろまった。

アメリカ軍との本土決戦に備え、軍部が蓄えた物資の総額は一〇〇〇億円とも、二四〇〇億円ともいわれる。当時の国家予算の一～二年分にも相当する膨大な額だが、その真相は明らかでない。GHQ経済社会局の顧問もつとめた歴史学者のセオドア・コーエンは、「戦争末期に残された大部分の軍需物資は、たんに盗まれてしまったということである。これはおそらく国家が持っているものを市民が盗んでいった例としては、近代に入ってから最大の例であろう」(111)と指摘する。

一九五六年発行の高校『日本史新版』（清水書院）は、「国民は、まずその日の食に困り、都会にはヤミ市が発生し、買出しなどもおこなわれ、混乱に乗じて隠匿物資の横領や掠奪がおこなわれ、悪質な犯罪も横行した」(112)と書いた。しかし、この記述は例外的で、戦後七〇年間、ほとんどの教科書は、米の供出拒否や不法な米の買出しなど、農家と市民の倫理観を崩壊させた、軍幹部らの軍需物資の隠匿や横領について一言も触れていない。

ドイツの教科書が書く「ハムスターの旅」

ドイツ語にも、「タケノコ生活」に相当する言葉がある。ネズミに似たハムスターには、食べ物を口いっぱいにほおばって巣へ運び、ため込む習性がある。人目を避けてあちこちの農家を訪ねては、衣類や家具と食料を交換する。ドイツの市民たちはこうした自分たちの姿をハムスターになぞらえ、戦後の買出しを「ハムスターの旅」と呼んだ。

ドイツの中学教科書『ドイツの暗い時代』は、こう解説する。「(終戦直後は)どこの都市でも飢餓が問題となった。……そのため、市民たちは〝ハムスターの旅〟へ出かけた。徒歩や自転車、あるいは満員列車で農村へむかった都市の人びとは、残った貴重品や衣類、家具などと食料を交換したのだ。交換する物をあまり持っていなかった人のなかには、農場で働き、そのかわりに食料をもらうものもいたが、食べ物のほどこしを農家に頼んでまわるだけのものもいた」(113)。高校教科書の『歴史と現在3』には、その実態が次のように記されている。「貴重品と交換して食料を手に入れるため、数日かけて買出しの旅へ出かける人もいた。徒歩で行く人もいれば、車で行ける幸運な人もいた。しかし、多くの人びとは、混雑した不定期の列車でつらい思いを強いられた。列車のタラップや屋根の上に乗って行かざるをえないものもいた」(114)。

「ハムスター」という言葉は、動詞で使うと「買いだめする」という意に転じる。そこから、「ハムスターの旅」には、良心がとがめるといった、自嘲的な市民感情が込められた。着物を一枚いちまいはがされる、被害者の切ない気持ちがにじみ出る「タケノコ生活」とは、対照的である。前出の『ドイツ第三帝国の後で』のなかで、廃墟と化したフランクフルト市の医者はこう述べた。「闇市は配給制度を補完する機会を提供していた。それに、これも不法行為だが、〝ハムスターの旅〟がもう一つの解決策だった。それは、都市部の市民が列車で農村へ出かけ、農家や小作農とおこなう直接取引であった」(115)。

ドイツにおいても、市民と農民の間に軋轢《あつれき》があったと推測される。高価な家具を持参したが、十分な量のジャガイモに交換してくれない。そんな農家の対応に反発した市民は、「牛小屋にも絨毯《じゅうたん》」、「普段の食卓でもマイセンの食器」と、〝成金農家〟への陰口をたたいたといわれる。「戦後には、買出し人との物々交換で手に入れた、モーニングの礼服を着て田植えをする農民がいた」などと、農家を揶揄《やゆ》する話は日本にもあったが、それに似ている。それでもドイツでは、市民の買出しが、崩壊した政府の配給制度を補完する役割を果たしたととらえられ、それが教科書の記述にも反映されている。

「タケノコ生活」が果たした役割

一方、戦時中、政府の管理・統制のもとで生産地と消費地をむすんでいた日本の流通網は戦後、闇屋と担ぎ屋の組織力に寸断され、市場はその規律を失った。一九四五年一〇月初め、東京都内の闇市場では、米一キロ約五〇円（配給米の公定価格の八〇倍以上）、サツマイモ一キロ七円へ高騰したが、埼玉県や千葉県の農村へ行けば、米が二〇～四〇円、サツマイモが三～五円で手に入れることができた(116)。

一般労働者の月給が五〇〇円から八〇〇円ほどであった当時、この価格差は買出し人を急増させるに十分であった。

『東京百年史』によると、一九四五年一〇月下旬以降、買出し人が増え始めた。列車利用の買出し人は、九月下旬、一日一万八〇〇〇人ほどであったが、一〇月下旬に一八万人を突破する。終戦後の激しいインフレと闇値の高騰に、人びとは耐えられなくなったのだ。

当時は、政府と都市住民と闇屋が農家の生産物を奪い合っていたのだ。多くの歴史書は、「タケノコ生活」の体験談などを引き合いに出すことで、「奪い合い」のなかに生じた、一部の買出し人と農民との軋轢を増幅させた。しかし、市民と農民との直接取引が、破たんした配給制度を実質的に補完したという役割には目をむけていない。それに、「食べ物の恨み」を強調することで、当時の農家が陥っていた困難な事情をおおい隠してしまった。

農家も闇市場に依存せざるをえない。それが実態であった。生産増に不可欠な肥料の配給は激減し、過燐酸石灰などの闇値は終戦までに公定価格の四倍以上に高騰していた。鎌などの農具や地下足袋などの必需品も配給には頼れない。しかし、米の闇値が公定価格の八〇倍から一〇〇倍にも高騰するなか、一九四五年産米の政府買入価格は、奨励金をふくめても前年度の二倍高にとどまった。そのため、農家は自家消費米の一部を買出し人や担ぎ屋へ売ってでも、激しいインフレによる所得の目減り分を補わざるをえなかったのだ。

農作物の盗難事件の多発も農家を悩ました。一九四六年の窃盗事件は全国で五六万件、前年を七七％上回ったが、多くが食料にからんでいた。サツマイモの苗床から種イモが盗まれ、植えたばかりのジャガイモの種イモも掘り起こされる。闇市へ持ち込めば何でも売れた。そのために何でも盗まれる。農家は防ぎようがなく、泣き寝入りするしかなかった。

『おれんの死』（一九六八年）で農民文学賞を受賞した太田忠久は、こんな話を伝えている。「おたくの戦死された息子さんと、私の主人が比島（フィリピン）で同じ隊にいたそうです。傷ついて復員した夫が、お宅をたずねていってみるようにいうものですから……と、若い婦人にいわれて、人のいい老婆が、乏しい米櫃《こめびつ》から一斗（約一五キロ）の米を無償で背負わせたところ、その婦人が、隣り村の戦死者の家でも、同じせりふをならべて、米をもらっていた」(117)。そんなたぐいのことが起こり、買出し人に対する不信感が農家の間にひろまる村も少なくなかったのだ。

こうした状況のもと、すしづめ列車に長時間乗り、家族のために食料を持ち帰らなければとの必死の思いでやってきた買出し人に対し、農家がおうへいな態度やきつい言葉で対応する。もともと客商売の経験のない農家は、都会風の言葉で愛想の良い対応などできず、買出し人の印象をさらに悪くする。それに、警察の摘発を恐れる農家は顔見知りの買出し人以外、「売るものは残っていない」などと相手にしない。そんな農家が都市近郊の村々に少なくなかったことは、想像にかたくない。しかし、そのような状況があったとしても、当時の農家がおかれた全体的な実情を考慮に入れるなら、かれらの対応に恨みを抱くのは少し酷すぎる話であろう。担ぎ屋や買出し人との接触を拒否し、ただただ供出に専念することを農家に求めるのは、そもそも無理であった。買出し人へ対応することで実質所得を増やせたからこそ、農家は闇市場から肥料や農具を買えた。多くの都市住民が、政府にかわって近郊農業の再生産をささえ、配給減の補給を可能にしたのである。

ところで、この「タケノコ生活」という言葉は、二〇一四年度『日本史B』一九点から消えている。高校の歴史教科書が、戦中・戦後の食料難に関する記述を簡略化し、その解説を縮減してきた結果である。「タケノコ生活」は戦後史のなかへ化石のように埋められ、次の世代へ語り継がれることはなくなった。そして、これと同時に、戦後の食料危機をもたらした本質的な問題についても、歴史の教科書は関心を失ってしまったのである。

6　なぜ日本の教科書は戦中・戦後の食料難を忘れようとするのか

権力者にとって不都合な歴史が、教科書の記述で簡略化され、曖昧化される。人びとはその歴史を忘れるよう、導かれてきたのだ。この起源はどこにあるのか。それは、一九四五年一〇月マッカーサーが日本政府に命じた「五大改革」（婦人の解放、労働組合の奨励、秘密警察の撤廃、経済の民主化、教育の自由化）の一つ、戦後の教育改革にさかのぼる。

終戦から一カ月後の九月一五日、前田多門文部大臣は、「新日本建設ノ教育方針」を明らかにした。同方針によって政府は、軍国主義を払拭する姿勢をアメリカ側に示すことで、天皇中心の政治秩序を維持し、敗戦後の事態をのりきろうとする。九月初めから授業が再開された国民学校（現在の小・中学校）では、教科書の「墨塗り」がおこなわれた。「日本海海戦」や「少年産業戦士」など、軍国主義や侵略思想を鼓舞するような教科書の文言に墨を塗るよう、全国の教師が生徒たちに指導した。教師と生徒が、文部省の指導のもとに、それまでの教育内容を全否定することから、戦後の授業は再開されたのだ。

教科書の「焚書《ふんしょ》」から始めたGHQの教育改革

しかし、連合国軍最高司令官総司令部（GHQ）は、文部省のこの方針を無視するかのように、抜本的な改革措置を次々に同省へ指令した。軍国主義と国家主義の鼓吹に利用してきたとして、修身・国史・地理の授業を一九四六年一月から禁止し、それらの教科書と教師用書を四月の新学期開始までに回収して、指定の再生紙工場へ搬送する。「墨塗り」程度では生ぬるいとして、GHQは教科書の「焚書」を命じたのだ。

教育関係者の不安と混迷が深まるなか、三月五日から四月一日に米国教育使節団が来日した。アメリカ各州の著名な大学の学長、教授、行政官など二七人の専門家で構成された米国教育使節団は、日本の教育制度などに関する事前研究をおこなうとともに、来日後は、日本各地の教育関係者からのヒアリングや現地調査を精力的に実施した。こうした調査活動をふまえ、四月六日に公表された使節団の報告書は、教育基本法をはじめ、学校体系の六・三・三・四制への改編や教育委員会制度、PTAの新設など、戦後の広範な教育改革に原理的な枠組みを与えたといっても過言でないほど、その後の教育体制全体の構築にとって重要な勧告書となった。

報告書は、従来の日本の教育制度は「高度に中央集権化された十九世紀的なもの」としてこれを否定し、「個人を出発点とする新しい教育制度」におきかえられるべきだと勧告した。そのうえで、「個人は自らを労働者として、市民として、並びに人間として、発展せしめる知識」を必要とするため、「能力と適性に従って教育の機会を与え」、「研究の自由と、批判的に分析する能力の訓練とを助成する」ことを、教育の目的として提示した。

米国教育使節団の報告書は教科書についても、「事実上文部省の独占」のもとで、「教師は教科書の作成にも選定にも十分相談に与《あずか》っていない」との認識を示し、「教科書の作成並びに出版も一般競争に委ねられるべきである。……教科書の選定は一定の地域から出た教師の委員会によっておこなわれるべきである」と述べた(118)。教科書出版の自由化と現場の教師による自由採択を示唆し、文部省が国定教科書の著作・発行を通じて教育内容を支配してきた実態を根本的に改めるよう、使節団は勧告したのだ。

しかし、提案のこの部分をGHQは支持しなかった。GHQの民間情報教育局（CIE）は、占領直後から、プレスコードと呼ばれた出版・報道等の統制規則によって、連合国や占領軍、極東軍事裁判への批判、軍国主義の宣伝、飢餓の誇張など、幅広い項目に関する情報発信を厳しく規制してきた。教科書だけを例外扱いにはできない。教科書の検閲と検定は基本的に必要な枠組みだ。それが占領軍の判断であった。

GHQの指令と指導のもとに策定された文部省の教科書検定制度が実施に移されたのは、一九四七年九月であった。教育使節団の「教科書出版の自由化」提案に触発された、全国各地の研究者などが教科書を執筆し、四八年の最初の検定申請は七二四点に達した。しかし、GHQ検閲と文部省検定の二重の関門をパスできたのは六二点にすぎない(119)。GHQが教科書の英訳原稿の提出を義務付けたこともあって、教科書執筆の熱は急速に冷め、教科書の検定申請と出版はその後、一部の執筆者と出版社に限られることになる。

この動きと並行して、占領軍の教育政策に大きな変化が生じた。GHQの内部から教育改革派が一掃されるという事態が起きたのだ。これには、一九四六年一一月におこなわれた、アメリカ連邦議会の中間選挙の結果が重大な影響を与えていた。

ルーズベルト大統領の突然の死後、一九四五年五月に副大統領から昇格したトルーマン大統領は就任直後から、軍需工場の閉鎖と七〇〇万人以上の兵士帰還による失業者の増大、激しいインフレ、それにストライキの多発など、困難な問題に直面した。しかし、トルーマン政権は、市場経済への政府介入や公共事業への財政投資など、一一年以上も続いた前大統領のニューディール政策の根幹を一気に変えることができない。これに対し、市場の自由化を求める実業家や中間層は、価格統制の継続など政府による介入と増税策に強く反発した。この結果、中間選挙では保守・中間層の広範な支持をえて共和党が大勝した。一四年ぶりに上下両院とも、野党の共和党が多数を奪回したのだ。

選挙後、民主党政権の重要ポストを牛耳ってきた「ニューディール派」の高官たちが、排除された。政府高官の人事は、議会の承認をえなければならないからだ。この事態がGHQにもおよんでくる。一九四七年から四八年にかけ、二百数十人におよぶ進歩的な幹部職員が日本からアメリカへ追放されたのだ。このようにして、GHQの改革派は力を失い、CIEでは教育政策の民主化と改革への熱意がそがれていったのである。

「歴史を暗く書いてはならない」

この頃から、ＧＨＱが教科書作りに口をはさんできた。特に、アメリカにとって都合の悪い事項を教科書から排除しようとする姿勢が、強く打ち出されてくる。検定教科書が作成される前の一九四八年、中学生用の国定教科書『日本の歴史』の原稿が文部省選任の日本人研究者によってまとめられたが、この翻訳原稿に対しＣＩＥの担当官は、「この歴史は大変暗い。アメリカと貿易をもっと盛んにすれば、日本は幸福になれるというような点がぬけている」として、書き換えを命じたといわれる(120)。

ＧＨＱのこのような姿勢は、学校教育法（一九四七年）の中身にも影響を与えた。米国教育使節団は教科書の自由出版と自由採択を勧告したが、同法はこれを受け入れず、文部大臣が検定した教科書の使用を小・中・高校に義務付けた。占領軍という支配者の立場から教科書を検閲し、教育内容を管理・統制するという、ＧＨＱの基本的な姿勢が、この法制定によって日本政府へ継承されることになったのである。

サンフランシスコ講和条約（一九五一年九月）の締結をへて五二年四月、日本は独立を回復し、文部省が主導する教育行政の運営・管理が始まった。その後しばらくの間、文部省が任命した非常勤の教科書調査官（現場の教師や研究者）が教科書検定をおこない、同省が直接検定へ介入することはなかった。ところが、五〇年代中頃から、与党の日本民主党が、日本の中国侵略などに関する一部の歴史教科書の記述を問題にし始めた。同党は五五年、「うれうべき教科書の問題」と題するパンフレットを発行し、教科書の実名をあげてその内容を攻撃した。日本のアジア侵略に関する記述は自虐的な歴史観だと非難された教科書は、その後の検定で不合格となる。さらに、五七年以降、文部省に常勤の教科書調査官が配置された。調査官が新設されて最初の五八年度検定では、「不合格率三三%という、検定強化の影響があらわれた」(121)。これに対し、検定強化に反発する研究者や現場の教師たちの動きがひろまった。その頂点ともいえるのが、「家永教科書裁判」である。

一九六五年、家永三郎東京教育大学教授は、自らが執筆した高校教科書『新日本史』(三省堂)の検定不合格処分を不服とし、教科書検定は検閲を禁止した憲法二一条に違反するとして、政府を東京地方裁判所へ告訴した。九七年までの三次にわたった「教科書裁判」の結果は、検定制度そのものは合憲、ただし、日本軍による南京大虐殺などの記述に関する一部の検定は違法、との最終判決となった。裁判の詳細については、多くの専門書にゆずることとするが、注目したいのは教科書検定の中身である。

裁判の争点の一つとなった太平洋戦争の記述に対する文部省の検定意見は、本土空襲や原爆投下後の広島など、戦争の惨禍を示す写真と記述が全体として暗すぎる、というものであった。家永三郎は、「戦争を暗く書くなという文部省の要求は、私に大きな衝撃を与えた」と述べているが、あたかも「戦争を明るく書け」と要求するに等しいような検定意見は、「この歴史は大変暗い」とした、前述のCIE担当官による検閲指摘に酷似するものであった。

「戦争を暗く書くな」とする検定側の基本姿勢は、戦中・戦後の食料難に関する歴史教科書の記述にも影響をおよぼした。一〇年前後の間隔で改定されてきた学習指導要領解説版の内容に、その影響を知る手掛かりがある。戦中・戦後の食料難に関する高校日本史の指導要領を見ると、一九五一年の指導要領(社会科編)には、「日本の戦前戦後の人口問題・食糧問題について、統計をつくってみよう。そして今後の方策を論じてみよう」との学習課題が提示されていた。しかし、五六年度の改訂版から人口や食料の問題は削除され、「戦後の国民生活と文化については、現実を正しく見つめることの中から、明るさと希望をもつように指導することが望ましい」との指示がくわわった。

日本史の教科書が買出しなどの食料難に言及する「戦後の経済発展と国民生活」について、一九九九年度の指導要領解説版は、「戦後の経済復興については、窮乏・荒廃の中から生産を復興して経済の再建を図る過程や、経済危機の深刻化とアメリカ文化の急激な流入が国民生活に与えた影響に……注目して、日本経済の発展と国民生活の向上について考察させる」と記した。この十数年後に改められた現行の解説版では、「日本経済の発展については、戦後の窮乏・荒廃の中での生産再開、財閥解体や農地改革、経済安定政策や朝鮮戦争を背景とした経済復興の過程を、連合国の対日占領政策に着目して考察させる」とされた。この改訂を通じ、国民生活の向上という、市民レベルの視点が消え、経済の視点をいっそう重視した、復興過程中心の指導へ重点が移されたのである。

指導要領がこのように改訂されるなか、高校の歴史教科書は戦中・戦後の食料難に関する記述を簡略化してきた。そこでは、「歴史を暗く書くな」とする教科書検定の指導が、戦中・戦後における人びとの窮乏と苦難の歴史を薄めてきたのである。

食料難に関する記述の簡略化へ影響を与えた日本社会の風潮

ただし、食料難の歴史を簡略化させたのは、指導要領の改訂だけではない。戦中・戦後の苦難を忘れようとする社会の風潮も影響を与えたのだ。経済企画庁は一九五六（昭和三一）年度の経済白書に、

「もはや戦後ではない」と書いた。ただし、この言葉によって白書は、日本が戦後の復興期を脱して明るい未来を目前にする状況を示そうとしたのではない。「(復興の努力や、朝鮮戦争、世界情勢の好都合な発展など）経済の回復による浮揚力はほぼ使い尽くされた」という点で「もはや戦後ではない」とし、「われわれはいまや異なった事態に当面しようとしている。回復を通じての成長は終わった。今後の成長は近代化によって支えられる」(122)べきだ、との考えを明らかにしたのだ。にもかかわらず、明るい未来を示す言葉としてマスコミはこのフレーズに飛びついた。流行語は独り歩きして「誤解」の議論はいつしか消え、一九八〇年代末頃から歴史教科書にもこの言葉が登場してくる。二〇一四年度『日本史B』一九点のうち、戦中・戦後を過去のこととするため、「もはや戦後ではない」をその明確な線引きに活用しているのが一三点もある。

一九九〇年代まで続いた教科書のページ増という流れのなかで、多くの教科書は食料難に関する記述の簡略化に手をつけなかったが、飽食をあおる風潮が簡略化の背中を押した。指導要領の改訂と戦中・戦後を忘れようとする風潮に、飽食をあおる風潮が重なり、教科書の編集者たちは、「いまさら食料難でもなかろう」との思いへ傾いたのだ。

人びとは飢餓と闘いながら、何世代にもわたって懸命に命をつないできた。その末裔が今日の私たちに命を授けた。命のつながりの先頭に立つ今の高校生が、戦中・戦後の食料難から学ぶ必要性は、少しも後退していない。現行の高等学校学習指導要領は、「自分を律し、他人と協調し、他人を思いやる心」の成長を、「生きる力」の育成のなかで教育現場に求めている。飢えをのりこえてきた人びとの痛みを、生徒たちが心に刻み込んでいく。このことが他人を思いやり、人の命を大切にする気持ちを育むことにつながる。食品由来の廃棄物が年間一九〇〇万トンにも達している実態からは目をそむけながら、飽食をあおり続けるような風潮が強まる時代だからこそ、こうした歴史的な視点を大切にすることが、教育の現場でいっそう重要になっているのである。

大部分の日本人が三度の食事にこと欠くことがなくなったのは、それほど遠い昔の話ではない。明治から昭和の初め、東京の四谷や芝などの貧民街では残飯屋が繁盛していた。兵舎や百貨店などから出る残飯を煮直して販売する残飯屋に、その日の糧を求める人びとがあふれていたのだ。しかし、戦中・戦後の食料難をふくめ、日本の近現代史における飢饉や飢餓は、飽食日本の今では、ほとんど化石のような話となった。

「化石化」の現象は、一九九〇年代から世紀の変わり目にかけて起きたといえよう。その頃に、飽食をおう歌する風潮がひろまり始めた。多くの報道機関がこれをあおり、グルメ番組はテレビ界を席巻しかねないほどの勢いで今も増え続ける。ニュース番組がグルメ情報に多くの時間を割くのも、珍しくなくなった。「おいしい」、「うまい」を絶叫するタレントが全国・世界をかけめぐり、「大食い競争」の番組は相も変わらず続いている。

多数の栄養不良児童をかかえるような国からきた外国人労働者たちは、この種のテレビ番組をどのような思いで観るのだろうか。おもしろくて楽しければ、何を報道しても良いということではないだろう。日本国内でも子供の貧困率が一三・九％（二〇一五年）と、満足な食事を摂れない児童が七人のうち一人という状況にある。また、経済協力開発機構（ＯＥＣＤ）が二〇一五年一〇月に公表した、加盟三四カ国の子供の貧困率ランキング（二〇〇九年）によると、日本は平均の一三・七％を超えて一一番目にはないだろうか。こうした子どもたちの心の痛みに寄りそおうとする配慮は、今や社会全体に求められているのである。

他人の痛みを感じる力を育む歴史教育の役割

若者がものを食べながら街を歩くという姿に違和感を覚える人は、今やほとんどいない。しかし、もともと日本では、食事は家で摂るものであり、ものを食べる姿を他人に見せることは普通の振舞いではなかった。

白虎隊の学び舎として知られる會津藩校の日新館では、一〇歳から一五歳の藩士の子弟たちが漢学や兵学、算術などを学んでいたが、入学前の準備として、六～九歳の子弟は、「什《じゅう》の掟《おきて》」と呼ばれる、武士としての基本的な心得を什（仲間）を通して教えられる。「嘘《うそ》言を言うことはなりませぬ」、「弱い者をいじめてはなりませぬ」などの七つの掟を、遊び仲間同士で守ることにより、会津藩士としてふさわしい人間になるための研鑽《けんさん》を子弟たちは積んでいた。その六番目の掟が、「戸外で物を食べてはなりませぬ」であった。買い食いをしない、歩き食いをしないとの掟は武士の品格、立ち振る舞いを教えるとともに、買い食いができない藩内の多数の貧者に対する、武士としての心配りを教えようとしたのだ。

会津藩最後の家老・萱野権兵衛《かやのごんべえ》の次男、郡長正《こおりながまさ》に残された逸話がそのことを示唆している。

日新館での優秀な成績を評価され、一八七〇（明治三）年、豊津藩（北九州市小倉）の藩校・育徳館へ留学した長正はその年の冬、郷愁にかられ、「会津の干柿を送ってほしい」と母親に書状を送った。母タニは次のように返答する。「藩から選ばれて学ばせてもらえる幸せな身で、情けないことを言ってはいけません。会津戦争に破れて（青森県下北半島の）斗南へ行った（旧藩士の）人たちは、痩せた土地で悲惨な生活をしているのです。もう一度こんな手紙を送ってくるなら、あなたは萱野権兵衛の子ではありません」。旧藩士の苦難を忘れ、粗食に耐える他の寮生への配慮もできない長正を、母親は厳しく戒めたのだ(123)。

一八七七（明治一〇）年に大森貝塚を発見したことで知られる、動物学者エドワード・S・モースは、三年あまり日本に住み、日本人の生活や文化に強い関心を抱いたアメリカ人である。華族の子女が通う女学校をふくめ、学校へ通う生徒たちの服装がなぜ一様に質素なのか、これもかれの関心事の一つとなった。モースは、その著『日本その日その日』のなかで、こう書いている。「（ある子爵は、質素な女学生の服装について）日本には以前から、富んだ家庭の人々が、通学する時の子供達に、貧しい子供達が自分の衣服を恥しく思わぬように、質素な服装をさせる習慣があると答えた。その後、同じ質問を、偉大なる商業都市大阪で発したが、同じ返事を受けた」(124)。商人の間でも当時は、弱者の心情をあわれいたむ、惻隠《そくいん》の情が大事にされていたのだ。

司馬遼太郎はかつて、「（他人の痛みを感じることは）本能ではない。だから、私たちは訓練をしてそれをみにつけねばならない」(125)とのメッセージを、子供たちへ送ったことがある。飽食をあおる風潮には、驕慢《きょうまん》と浅慮《せんりょ》の危険がつきまとう。おごれる気持では他人の飢えの痛みを共有できない。深く考える努力を積まなければ、弱者を気遣う感性を育むことも難しくなるだろう。

前述したように、日本の学習指導要領は、「自分を律し、他人と協調し、他人を思いやる心」の成長を教育現場に求めている。しかし、飢饉や食料難をのりこえてきた祖先たちの歴史に学び、その痛みに心を寄せることに、歴史の教科書は教育的価値を見出そうとしていない。他人の痛みを感じる力を育むうえで、歴史に学ぶことの大切さを、忘れようとしているともいえるだろう。

（第一章の主な参考・引用文献）

（1）Uschi Pein-Schmidt（2013）, *Entdecken und Verstehen*, Cornelsen, Berlin, p.198.
（2）A. C. Bell（1961）, *A History of The Blockade of Germany 1914-1918*, Her Majesty's Stationery Office, London, p.672.
（3）Franz Hofmeier und Hans-Otto Regenhardt（2014）, *Forum Geschichte 9/10 Thüringen*, Cornelsen, Berlin, p.28.
（4）GISS Surface Temperature Analysis（Goddard Space Flight Center, NASA, USA）のサイトより（http://data.giss.nasa.gov/gistemp/station_data/）（二〇一五年二月七日閲覧）。
（5）Sönke Neitzel（2008）, *Weltkrieg und Revolution 1914-1918/19*, be.bra verlag GmbH, Berlin, p.131.
（6）Alexander Fleischauer（2014）, *Die Reise in die Vergangenheit*, Westermann, Braunschweig, p.26.
（7）前掲（1）の一九八頁。
（8）前掲（5）の一三五頁。
（9）Aaron Wilkes（2007）, *GCSE History 20th Century Studies*, Folens Publishers, Bucks, p.60.
（10）Stuart Clayton, Martin Collier, Steve Day, & Rosemary Rees（2009）, *History in Progress : 1901 to Present Day*, Pearson Education, London, p.83.
（11）木村靖二（一九八八年）『兵士の革命——一九一八年ドイツ』東京大学出版会、六九頁。
（12）マーガレット・マクミラン著　稲村美貴子訳（二〇〇七年）『ピースメイカーズ（上）』芙蓉書房出版、二四五頁。

(13)牧野雅彦（二〇〇九年）『ヴェルサイユ条約』中央公論新社、八七頁を参考とした。

(14)Avner Offer (1989), *The First World War: An Agrarian Interpretation*, Clarendon Press, Oxford, p.395.

(15)前掲（3）の七〇頁。

(16)前掲（3）の一〇六頁。

(17)アドルフ・ヒトラー著　平野一郎訳（二〇〇四年）『続・わが闘争』角川書店、四六頁。

(18)Lizzie Collingham (2011), *The Taste of War: World War Two and the Battle for Food*, Allen Lane (an imprint of PENGUIN BOOKS), London, p.26.（なお、二〇一二年河出書房新社から宇丹貴代美・黒輪篤嗣共訳『戦争と飢餓』が発行されている。）

(19)アウグスト・クビツェク著　橘正樹訳（二〇〇五年）『アドルフ・ヒトラーの青春』三交社、二四〇頁、二五三頁。

(20)ケインズ著　早坂忠訳（一九七七年）『平和の経済的帰結』（ケインズ全集第二巻）東洋経済新報社、一四四～一四五頁。

(21)前掲（9）の七一～七二頁。

(22)森建資（二〇〇三年）『イギリス農業政策史』東京大学出版会、七七～七九頁、九八～九九頁を参考とした。

(23)前掲（9）の二二四頁。

(24)Paul Brassley, Yves Segers, and Leen Van Molle (2012), *War, Agriculture, and Food: Rural Europe from the 1930s to the 1950s*, Tayler & Francis, New York, pp.41-42を参考とした。

(25)ミカエル・トレイシー著　阿曽村邦昭・瀬崎克己共訳（一九六六年）『西欧の農業』農林水産業生産性向上会議、二七五頁。

(26)早川紀代（一九九三年）『戦時下の女たち』岩波書店、四二頁。

(27)前掲（18）の三六六～三六七頁。
(28)前掲（10）の九四頁。
(29)前掲（9）の二二五頁。
(30)前掲（10）の九四頁。
(31)前掲（26）の四三頁。
(32)前掲（10）の九五頁。
(33)前掲（18）の九一～九二頁を参考とした。
(34)Walter W. Wilcox(1947), *The Farmer in the Second World War*, The Iowa State College Press, Ames, Iowa, pp.86-87.
(35)前掲（25）の二一五頁。
(36)野田公夫編（二〇一三年）『農林資源開発の世紀』京都大学学術出版会、二八九～三〇二頁を参考とした。
(37)J. E. Farquharson（1976）, *The Plough and the Swastika - The NSDAP and Agriculture in Germany 1928-45*, SAGE Publications, London, pp.235-237を参考とした。
(38)Claudia Bischoff und Cäcilia Nagel（2013）, *Deutschlands dunkle Jahre*, Brigg Pädagogik Verlag, Augsburg, p.41.
(39)Alex J. Kay（2011）, *Exploitation Resettlement Mass Murder - Political and Economic Planning for German Occupation Policy in the Soviet Union, 1940-1941*, Berghahn Books, New York, p.133を参考とした。
(40)前掲（3）の一四三頁。
(41)Timothy Snyder(2012), *Bloodlands — Europe between Hitler and Stalin*, Basic Books, New York, p.161.

（42）前掲（18）の四〇～四一頁を参考とした。
（43）Alan S. Milward（1987）, *War, Economy and Society 1939-1945*, Penguin Books, New York, p.134.
（44）アドルフ・ヒトラー著　吉田八岑訳（一九九四年）『ヒトラーのテーブル・トーク一九四一～一九四四（上）』三交社、八四頁。
（45）木村英亮（一九九一年）『ソ連の歴史』山川出版社、一三四～一三五頁を参考とした。
（46）前掲（43）の二六〇～二六一頁を参考とした。
（47）前掲（18）の三三頁。
（48）Adam Tooze（2008）, *The Wages of Destruction*, Penguin Books, New York, pp.543-544 を参考とした。
（49）ジョルジュ・ベンスサン著　吉田恒雄訳（二〇一三年）『ショアーの歴史――ユダヤ民族排斥の計画と実行』白水社、九一頁。
（50）ウォルター・ラカー著　井上茂子ほか訳（二〇〇三年）『ホロコースト大事典』柏書房、一五四頁を参考とした。
（51）Karin Laschewski-Müller und Robert Rauh（2011）, *Kursbuch Geschichte - Noue Ausgabe*, Cornelsen, Berlin, p.514.
（52）Giles MacDonogh（2009）, *After the Reich - The Brutal History of the Allied Occupation*, Basic Books, New York, pp.362-363 を参考とした。
（53）Herbert Hoover（1947）, *The President's Economic Mission to Germany and Austria, Report No.1 - German Agriculture and Food Requirements, February 28, 1947 (For release to editions of all newspapers)*, Washington, D.C., pp.8-12, p.21 を参考とした。
（54）Maximillian Lanzinner und Rolf Schulte（2014）, *Buchners Kolleg Geschichte Ausgabe*, C.C.Buchner Verlag, Bamberg, pp.433-434.

（55）前掲（51）の五一四頁。
（56）前掲（4）のサイトより。
（57）Alexander Häusser und Gordian Maugg (2009), *Hungerwinter - Deutschlands humanitäre Katastrophe 1946/47*, Ullstein Buchverlage, Berlin, pp.171-172.
（58）The Independent（London）（2014）, *Britain's food self-sufficiency at risk from reliance on overseas imports of fruit and vegetables that could be produced at home*, July 1, 2014 のサイトより（www.independent.co.uk）（二〇一五年二月一日閲覧）。
（59）The European Commission, Directorate-General for Communication（2012）, *EUROPEANS' ATTITUDES TOWARDS FOOD SECURITY, FOOD QUALITY AND THE COUNTRYSIDE REPORT*（Special Eurobarometer 389, July 2012）, Brussels, pp.6-13.
（60）在日ドイツ大使館ホームページの「メルケル首相　スピーチ・関連記事」より（二〇一五年一月二六日　於いてベルリン『過ぎ去っても忘れ去ることはない』）（www.japan.diplo.de/Vertretung/japan/ja/05-politik/055-politik-in-deutschland）（二〇一六年六月三日閲覧）。
（61）芦沢紀之（一九七二年）『実録　総力戦研究所』（歴史と人物一九七二年一〇月号）中央公論社、八八頁。
（62）猪瀬直樹（一九八六年）『昭和一六年夏の敗戦』文藝春秋、一三二頁、一五〇頁、一九三～一九四頁。
（63）近衛文麿（一九四六年）『平和への努力』日本電報通信社、一二九頁を参考とした。
（64）清水勝嘉解説（一九九〇年）『戦時下国民栄養の現況調査報告書』不二出版、五頁を参考とした。
（65）藤原彰（二〇〇一年）『餓死した英霊たち』青木書店、一三八頁、七〇頁。
（66）防衛庁防衛研修所戦史室（一九六八年）『戦史叢書インパール作戦』朝雲新聞社、九〇～九一頁、一一七頁、および五一一頁。

(67)一ノ瀬俊也編（二〇一〇年）『近代日本軍隊教育・生活マニュアル資料集成　第七巻』（大本営陸軍部編「これだけ讀めば戦に勝てる」一九四一年）柏書房、五五八頁。
(68)前掲（65）の八四頁。
(69)清水勝嘉（一九八二年）『中部太平洋方面・離島残留海軍部隊の栄養失調症について（「防衛衛生」第二九巻第一二号・一九八二年一二月号）』日本防衛衛生学会、二七五～二七七頁を参考とした。
(70)前掲（18）の三〇三頁。
(71)防衛庁防衛研修所戦史室（一九七一年）『戦史叢書　海上護衛戦』朝雲新聞社、一頁（まえがき）を参考とした。
(72)J・B・コーヘン著　大内兵衛訳（一九五〇年）『戦時戦後の日本経済（上巻）』岩波書店、三八一頁。
(73)John S. Chilstrom (1993), *Minelaying in World War II*, School of Advanced Airpower Studies, Air University, United States Air Force Maxwell Air Force Base, Montgomery, Alabama, p.14.
(74)講談社編集（一九八九年）『昭和二万日の全記録第七巻　廃墟からの出発昭和二〇年～二一年』講談社、一〇七頁を参考とした。
(75)外務省編（一九八九年）『日本占領重要文書第一巻』日本図書センター、一〇四頁（一部を現代表記に）、一三六～一三八頁。
(76)読売報知新聞「マ司令部に嘆願書――日比谷で餓死對策國民大會」（一九四五年一一月二日）。
(77)朝日新聞「始つてゐる『死の行進』――餓死はすでに全國の街に」（一九四五年一一月一八日）。
(78)高見順（一九六五年）『高見順日記第七巻』勁草書房、一三頁。
(79)労働省編（一九五一年）『資料　労働運動史』労務行政研究所、一一七頁。
(80)東京都食糧営団史刊行会編（一九五〇年）『東京都食糧営団史』東京都食糧営団史刊行会、八五八頁。
(81)「農林水産省百年史」編纂委員会編（一九八一年）『農林水産省百年史　下巻　昭和戦後編』「農林水産

省百年史」刊行会、六六頁を参考とした。
(82)宮原武夫ほか七名（一九八七年）『高校日本史改訂版』実教出版、三一三頁。
(83)黛弘道ほか八名（一九八四年）『高等学校日本史』清水書院、二二五頁。
(84)稲垣泰彦ほか三名（一九八一年）『日本史三訂版』三省堂、三一〇頁。
(85)江坂輝弥ほか六名（一九九四年）『高等学校新日本史B』自由書房、三三六頁。
(86)家永三郎（一九八二年）『新日本史』三省堂、二九二頁。
(87)竹内理三・小西四朗（一九八一年）『精髄日本史』自由書房、二一四頁。
(88)小風秀雅ほか九名（二〇一四年）『新選日本史B』東京書籍、二二二頁。
(89)渡辺昇一ほか二二名（二〇一四年）『最新日本史』明成社、二七三～二七四頁。
(90)青木美智男ほか一二名（二〇一二年）『日本史B』三省堂、三四八頁。
(91)笹山晴生ほか一三名（二〇一四年）『詳説日本史』山川出版社、三九三頁。
(92)相葉伸ほか二名（一九五六年）『日本史新版』清水書院、二八六頁。
(93)有高巌・平田俊春（一九五九年）『高等日本史（六訂版）』日本書院、二九〇頁。
(94)後藤陽一ほか四名（一九七三年）『日本史改訂』第一学習社、二九五頁。
(95)厚生省編（一九五二年）『ララ記念誌』厚生省、六五～九一頁を参考とした。
(96)レイン・リョウ・ヒラバヤシほか二名編　移民研究会訳（二〇〇六年）『日系人とグローバリゼーション（飯野正子「ララ――救援物資と北米の日系人」）』人文書院、一一四～一二八頁を参考とした。
(97)朝日新聞「安倍首相演説全文」（於　ハワイ・真珠湾アリゾナ記念館）（二〇一六年一二月二九日）。
(98)藤田尚徳（一九六一年）『侍従長の回想』講談社、一七三頁。
(99)松村謙三（一九六四年）『三代回顧録』東洋経済新報社、二六四～二六五頁。
(100)ダグラス・マッカーサー著　津島一夫訳（一九六四年）『マッカーサー回想記』（下）』朝日新聞社、一七〇頁。

(101)孫崎享（二〇一二年）『戦後史の正体』創元社、六〇～六一頁。

(102)サムエル・モリソン著　西川正身翻訳監修（一九七一年）『アメリカの歴史３（一九〇一年—一九六三年）』集英社、三二〇頁。

(103)George H. Gallup (1972), *The Gallup Poll - Public Opinion 1935-1971*, American Institute of Public Opinion, New York, pp.562, 582.

(104)食糧庁食糧管理史編集室編（一九七〇年）『食糧管理史各論Ⅱ（昭和二〇年代制度編）』食糧庁、一六六頁を参考とした。

(105)Herbert Hoover, *On the Japanese Food Supply*（*Tokyo, May 6, 1946*）, The Published Writings of Herbert Hoover（Part V: World Famine, 1946-1947, p.217）, Herbert Hoover Presidential Library and Museum, West Branch, Iowa のサイトより（http://www.hoover.archives.gov）（二〇一五年二月一七日閲覧）。

(106)前掲（100）の一七一頁。

(107)鴨下信一（二〇〇五年）『誰も「戦後」を覚えていない』文藝春秋、四三頁。

(108)粟屋憲太郎編（一九八一年）『資料日本現代史（３）』大月書店、八六頁。なお、本引用に続き、三八頁、四二七～四三〇頁、一〇八頁、および四一頁から引用した。

(109)芹沢光治良（二〇一五年）『芹沢光治良戦中戦後日記』勉誠出版、四四六頁。

(110)前掲（108）の一一九頁（一部を現代表記に）。なお、本引用に続き、一二〇頁および二二七頁からも引用した。

(111)セオドア・コーエン著　大前正臣訳（一九八三年）『日本占領革命（下）』ＴＢＳブリタニカ、一七六～一七七頁。

(112)前掲（92）の二八七頁。

(113)前掲（38）の一二六頁。

(114)Lambert Austermann und Hans-Jürgen Lendzian（2013）, *Geschichte und Gegenwart* 3, Schöningh, Paderborn, p.201.

(115)前掲（52）の三七七頁。

(116)毎日新聞社編（二〇〇三年）『毎日年鑑　昭和二十一年復刻版』毎日新聞社、二七四頁などを参考とした。

(117)太田忠久（一九七一年）『米つくりの悲哀——山村からの報告』農業図書株式会社、三四～三五頁。

(118)伊ケ崎暁生・吉原公一郎編（一九七五年）『戦後教育の原典②——米国教育使節団報告書他』現代史出版会、三四～三五頁、八三～八四頁を参考とした。

(119)徳武敏夫（一九九五年）『教科書の戦後史』新日本出版社、六〇頁を参考とした。

(120)前掲（119）の五四頁。

(121)森川金寿（一九九〇年）『教科書と裁判』岩波書店、一〇頁。

(122)経済企画庁（一九七六年）『復刻経済白書第七巻（昭和三一年）』日本経済評論社、四二頁。

(123)中元寺智信（二〇〇七年）『会津藩什の掟　日新館が教えた七カ条』東邦出版、九二頁。

(124)エドワード・S・モース著　石川欣一訳（一九七一年）『日本その日その日（三）』平凡社、三八頁。

(125)司馬遼太郎著　ドナルド・キーン監訳・ロバート・ミンツァー訳（一九九九年）『対訳21世紀に生きる君たちへ』朝日出版社、一六頁〈出典『21世紀に生きる君たちへ』（大阪書籍『小学国語６年下』、一九八七年）〉。

第二章　日米独三カ国の教科書が伝える移民の歴史

第一章では、戦中・戦後の食料難に関する歴史教科書の記述について、主として日本とドイツの教科書を比較しながら、日本の高校教科書が、権力者にとって不都合な歴史を簡略化している実態を明らかにした。こうした不都合な歴史という観点から見ると、世界の近現代史上の最も重要な部分の一つである、移民の歴史に関する教科書の記述は、日本と欧米諸国の違いをいっそう浮き彫りにする。

1　移民の送出大国から受入大国へ転換したドイツ

ドイツは移民の送出大国であり、その歴史は中世にまでさかのぼる。一二世紀から数百年にわたり、農民や騎士団、修道士など多数のドイツ人が東欧諸国やロシアの未開地へ入植した。また、一九世紀から二〇世紀前半には、六〇〇万人以上のドイツ人がアメリカへ移住した。そして、戦後の一九五〇年代に入ると、奇跡の経済復興期が始まり、今度は移民の受け入れ大国に転じていく。国内の深刻な労働力不足を補うため、ガスト・アルバイター（客人の労働者）と呼ぶ外国人労働者を、毎年四〇万人から五〇万人も招致した。当初、客人の労働者はいずれ帰国するものと考えられていたが、特にトルコからきた労働者の多くは、家族を呼び寄せてドイツ国内にとどまった。現在、市民権をとったトルコ系ドイツ人は三〇〇万人（二〇一二年）、市民権を有しないトルコ移民は一五二万人（二〇一四年）を超える（移民の背景を持つドイツ人は全体で一六二〇万人、人口の約二〇％）。

移民に関する世界の数値を見ても、ドイツの存在感は大きい。ドイツ系アメリカ人は、アメリカの人口三億一八八五万人（二〇一四年）の一四・四％を占め、アイルランド系の一〇・四％、イギリス系の七・六％を上回る。一方、ＯＥＣＤ（経済協力開発機構）の『二〇一六年国際移民アウトルック』によると、一四年における世界の移民総数四〇四万人のうち、最大の受け入れ実績はアメリカの一〇一・七万人だが、ドイツの五七・五万人がこれに次ぎ、イギリスの三一・一万人、日本の六・四万人を大きく引き離す。また、一五年五月〜一六年四月における新規難民申請者数では五七・三万人と、世界第一位であり（アメリカ約一五万人、日本六九九三人）、その数は二〇一〇年代に入り急増している。

教科書が詳述するアメリカへの移民

ドイツ現代史の高校教科書『歴史の時刻表』には、さまざまな移民が登場する。すなわち、①一九世紀初めから二〇世紀にかけアメリカへ渡ったドイツ移民、②一九世紀なかばのドイツ産業革命をささえた東欧諸国などからの外国人労働者、③第二次大戦の敗戦前後にソ連・東欧諸国から追放されたドイツ人の入植移民、④一九五〇年代からドイツが積極的に招致した外国人労働者、そして⑤今日のドイツへ押し寄せる開発途上国からの移民や難民、である。なかでも、アメリカへの移民について教科書は詳しく解説する。

一八二〇～一九三〇年の一一〇年間に世界中からアメリカへ渡った移民は、七〇〇〇万人を超えた。このうち、もっとも多かったのが六〇〇万人以上のドイツ人であり、その主な要因として教科書は次の四つをあげる。①一八世紀から続いた人口増と貧困のまん延、②ルター派などのプロテスタントに対する宗教上の差別、③一八一六～一七年の異常気象による大凶作と、一八三〇～四〇年代のジャガイモ・ライ麦の不作による飢饉の発生、④フランスの一八三〇年七月革命に触発されて起こった、ドイツ連邦内の自由主義運動への弾圧、である。貧困や飢饉、差別や弾圧からのがれるため、毎年数万人、ときには数十万人もの人びとが、「アメリカには無限の可能性があり、必ずや自由で豊かな暮らしができる」と信じ、祖国を離れたのだ。ドイツ国内の人口が増え、農民や手工業者の窮乏が深刻化すると、「(貧困者を社会の〝爆薬〟とみなす)政府は〝爆薬〟を除去するために移民を促進した。社会情勢の悪化と経済的な困窮が移民送出の決定的な引き金になったのだ」。貧民の群れが国家の体制をゆるがしかねない。権力者は貧民の爆発を恐れたのである(1)。

支配者側にとって移民は「棄民」であった。一方、主体的に移住を選択した人びとも存在した。そのきっかけは政府に対する不信であった。「多くの人びとが政治への信頼を失い、(貧困や飢餓などの)社会問題を解決する政府の能力を認めなくなった。また、ドイツ連邦における政治の実態に対する不満も、移住の要因であった」。さらに、飢饉が深刻化するなかにあっても汚職にまみれる役人に対し、人びとは反発を強めた。ドイツの国家に失望した民衆の「棄国」が、移民のもう一つの要因であったと、教科書は強調する。

「棄国」の背景として教科書は、統一ドイツ国家の樹立をめざした自由主義者たちによる一八四八～四九年革命の失敗と、五七～五八年の世界的な経済恐慌をあげる。政府の弾圧を恐れた革命の主導者や支持者にくわえ、多くの失業者が自由の国アメリカへの移住を選択した。四一～四五年期にアメリカへ渡ったドイツ人は、年間二万一〇〇〇人あまりであったが、四六～五〇年期と五一～五五年期にはそれぞれ六万五九〇〇人、一二万九四〇〇人へ激増する。移民たちは、新大陸アメリカこそ神が与えてくれる「約束の地」だと信じたのだ。しかし、誰もが自由と豊かな暮らしを入手できたわけではない。教科書はその現実をこう書いている。「渡航の切符を買うために全財産を売り払い、……手持ちの金が乏しいまま出国したものにとって、移住はきわめて危険であった。実際、(アメリカで食えなくなり)乞食同然の身で故郷へ帰る移民も少なくなかったのだ」。

ドイツ人入植者追放の戦後から難民受け入れの現在へ

第二次大戦は多くのドイツ人に辛苦の移動を余儀なくさせた。前出の教科書『歴史の時刻表』は「逃亡と追放」の項目を設け、戦争と移民の問題を詳述する。

一九三三年、ナチスが権力を掌握すると、「数えきれないほどの人びとが故郷を離れなければならなくなった。……人種差別や言論統制が強化され、多くの人びとが国外へ逃亡したのだ。祖国に背をむけ、外国へ脱出した知識人も少なくない。作家のトーマス・マンや後のドイツ首相ヴィリー・ブラント(戦後に亡命先のスウェーデンから帰国)などがふくまれていた。しかし、大戦が勃発すると、ナチスはユダヤ人の国外逃亡の門を閉ざした」。

一方、ヒトラーの「東方生活圏構想」に基づき、ポーランドやチェコスロヴァキアなどに侵攻したナチスは、「一九三九年以降、占領地から住民を排除し、新たにドイツの青年農業者などを移住させた。四二年からの東部総合計画では、（領土のドイツ化を強化するため）ナチスの武装親衛隊（ＳＳ）がこの植民作戦を指揮し、ドイツ人の移住先はソ連中央部のウラル地方にまで拡大した」。しかし、開戦から三年ちかくがたった四四年の夏、ソ連赤軍が大攻勢に出てドイツ軍が敗走へ転じると、占領地へのドイツ人入植者や、東欧諸国へ古くから移り住んでいたドイツ系住民に対し、ソ連人やポーランド人などによる激しい報復と追放がいっせいに始まった。

教科書はこの事態を次のように記す。「戦争終結前の数カ月間に、ドイツ人の入植者は追放された。また、（祖国へ逃げようとする）ドイツ人に対する強姦や私的制裁など、復讐心を抱いた地元住民らによる非人道的な行為が多数発生した。（東欧諸国のドイツ人住民を本国へ移送することについて規定した）ポツダム協定の第一二条で連合国は、〝秩序ある〟強制立ち退きの実施に合意していたにもかかわらず、こうした事態が発生した。しかも、追放されたドイツ人たちは、ほとんどすべての財産を残したまま退去させられたのだ。暴力へのおびえと逃避行の苦痛から、自らの人生に絶望した人びとも少なくなかった」。

東欧諸国から追放されたドイツ人は一二〇〇万人とも一八〇〇万人ともいわれ、祖国への帰還途中に寒さや飢え、リンチなどで死亡した犠牲者は一〇〇万人から二五〇万人と、研究者の推定値に大きな幅がある。教科書『歴史の討論会』は、「追放されたドイツ人は全体で一八〇〇万人、逃亡・追放・拉致の犠牲者は二五〇万人」(2)と記している。

教科書はさらに、戦後と現在のドイツがかかえる移民・難民問題について詳しく解説する。一九五〇年代に入ると西ドイツは、自動車・機械・化学工業などを中心に奇跡的な経済復興の途を突きすすんだ。ドイツ連邦共和国（西ドイツ）が誕生した一九四九年、輸出額は四一億マルクだったが、一〇年後の五九年には一〇倍の四一一億マルクを突破する。五〇年の失業者一五八万人は、五六年に七六万人（失業率四％）へ半減し、その後は超完全雇用の局面に入って六五年の失業率は〇・七％となった。労働力の不足が深刻化し始めた五五年、政府は外国人労働者の募集協定をイタリアとむすび、その後六八年までにスペインやトルコなどへ協定の締結を拡大した。

「海外からの移民と移住者の増大こそ、過去五〇年ほどの間に都市部で起こった大変化であり、移民たちは、今日のドイツ社会にとって欠かせない構成要素となった」。その実態を示す例として『歴史の時刻表』は、「ブンデスリーガのサッカーチームでは、多くの外国人選手が活躍し」、「小学校では、移民を背景とする市民の子供たちが、九〇％に達するクラスも少なくない」と述べ、さらに、「一九五〇年代からの奇跡的な経済復興に貢献した、かつてのガスト・アルバイターたちは今や社会の多くの分野で活躍し、その一部は豊かな暮らしをしている」と記す(3)。

さらに、『歴史の時刻表』は、「プロジェクト学習」を通じて移民の歴史に関する研究を深めるよう生徒へうながす。「なぜ人びとは故郷を離れなければならなかったのか？」と題するこの学習では、次のような課題が提起されている。①移民の背景をもつ生徒へのアンケート調査を実施する（質問項目は移住の時期や理由、新しい環境への適応の課題など）、②学校の地域内に東欧諸国からの被追放者が生活しているかどうかを調べ、歴史の証人から体験談を聞く、③難民の発生につながる各国の内紛や国際紛争について、インターネットの関連サイトの情報を調査し、研究を深める、④「収容所」や「移民」、「追放者」などの用語でインターネットを検索し、被迫害者の保護の歴史を研究するとともに、どのような方法で保護してきたのかをまとめる、⑤国連難民高等弁務官事務所（ＵＮＨＣＲ）の活動について調査し、一九五〇年創設以降のＵＮＨＣＲの成果について評価する、⑥一九四九年の連邦基本法に基づき、ドイツが実施してきた移民統合政策について概要をまとめ、国家の発展と移民受け入れ・難民保護政策との関連について討論する(4)。

「プロジェクト学習」が提起するこれらの自主研究や討論では、グローバルな視点から移民史の学習を深めることが生徒たちに求められているが、注目すべきは、多くの学習課題について生徒が、移民や難民の立場に立って情報を収集し、考え、それらを共有することをうながされている点である。

2　アメリカの教科書が書く移民の迫害と競合の歴史

現在、アメリカの人口に占める割合で、一位のドイツ系に次ぐのが約三三〇〇万人のアイルランド系である。アメリカでは出身国別の移民統計が一八二〇年から始まったが、同年から一九三〇年までの一一〇年間に、アイルランド移民は四五七万人に達した。アイルランドの人口は八一七万人（一八四一年）を超えていたが、一八四〇年代のジャガイモ飢饉（大飢饉）を境に減少へ転じ、一九六一年の二八二万人にまで減り続けたのだ（**写真1参照**）。

大西洋を渡った「棺桶《かんおけ》船」

アイルランドやイギリスでは自国の通史を中学三年間で学ぶ。その教科書の一つ、アイルランドの『時代の足跡（1）』は、大西洋を渡った移民たちの苦難をこう解説する。

「（貧民の主食であったジャガイモが数年間、深刻な不作に見舞われた）大飢饉の時代には、年間の海外移民が二〇万人に達した。渡航船の多くは小型で、それは（四〇日から七〇日もかけて）大西洋を渡るのに適したものではない。船腹には乗客がぎゅうぎゅうづめに押し込められ、飢餓と伝染病で死亡するものが少なくなかった。カナダとアメリカへの渡航船が最悪で、〝棺桶船〟と呼ば

写真1　アイルランドの彫刻家ローワン・ガレスピー作の「大飢饉のメモリアル彫像」（1997年）。首都ダブリン市カスタム・ハウス埠頭地区を流れるリフィー川沿いに立つ。餓死した少女を背負う父親の像（右奥）が痛ましすぎる（2011年筆者撮影）。

れたほどだ。何千人もの移民が渡航中、あるいは上陸後に力つきて死亡したのだ」。

教科書は、ロバート・ホワイトが書いた『一八四七年飢饉船の日記』から次の部分を引用する。「七月九日（金）今や乗客のほぼ半分ちかい五〇人が病人だ。……今月六日に二人の男が死んだ。今日はその弟が亡くなった。遺体をつつむ古い帆布は使い切り、かれの遺体は食料が入っていた袋でつつまれた。……二人の孤児が遺された。一人は七歳の少年で、亡くなった父親のコートを着ている。男が残したその他の衣類は、船上のセリですべて売りはらわれた」(5)。

アメリカへの渡航船は、ケベックやモントリオールなどカナダ東部の港に寄港した。カナダまでの安い切符を買った移民は、そこから徒歩や水運でアメリカをめざす。渡航船内で亡くなったものは寄港地で埋葬された。大飢饉三年目の一八四七年、同国へのアイルランド移民は前年の二倍、一〇万人を超え、そのうち少なくても一万七〇〇〇人が渡航中に死亡した。

移民輸送船は乗客を増やすため、渡航費を大飢饉前の四～一〇ポンドから二～三ポンドへ引き下げた。これは農民の小作料一年分か牛一頭分に相当したが、手も足も出ないほどの額ではなかった。切符を買えない貧民には、アメリカへ渡ってから返済するという前借りの制度があった。先に移住した息子が親たちを呼び寄せる。娘の送金で家族が渡航するケースも少なくなかった。ボストンなど当時のアメリカ東部の都市では、裕福な家の女中はほとんどアイルランド出身であった。ちなみに、一八四八年、アメリカからアイルランドへの送金総額は五〇万ポンドに達し、五〇年までにその額は倍増したと伝えられる(6)。

それでも、渡航費の工面は大問題であったが、事態は切迫していた。アイルランドにとどまって餓死を待つか、それとも棺桶船の危険をおかしてでも新天地への移住にかけるべきか。ジャガイモの凶作が拡大するにつれ、後者を選択するものが増えていったのである。

しかし、移民たちが命がけで大西洋を渡航し、ようやく上陸できたアメリカ大陸は、かれらが夢にまで見た「約束の地」ではなかった。前出の教科書『時代の足跡（1）』はこう記す。「アイルランド人たちはボストンやニューヨークのもっとも貧しい地区に住み、最低の賃金しかえられないような職につく傾向にあった。ニューヨークのブロンクスなどの貧民街は、いつしか〝リトル・アイルランド〟になっていった」(7)。

別の中学教科書『歴史の発掘』は次のように書く。「アイルランドの移民は、移住先のどこの町でも問題に直面した。アメリカのボストンやニューヨーク、イギリスのグラスゴーやリバプールには、おびただしい数の飢えた、あるいは病気のアイルランド人が殺到していた。住環境はひどいもので、移民たちは、ニューヨークのヘルズ・キッチン（地獄の台所）など、ごみためのようなスラム街に住まざるをえない。それに、多くの街でかれらに対する差別が横行した。アイルランド移民は貧しく、カトリック教徒だというだけで迫害を受けたのだ」(8)。

一九世紀に入ると、カトリック教徒のアイルランド移民への迫害は暴動にまで発展する。WASP《ワスプ》（白人でアングロサクソン系のプロテスタント）と呼ばれた、先着移民のイギリス系アメリカ人が暴動をひき起こした。一八四四年、三日間も続いたフィラデルフィアの暴動では、アイルランド移民の居住区やカトリック教会が焼打ちにあい、一三人が死亡、五〇人が負傷した(9)。かれらに対する迫害は大飢饉の前からすでに激化していたのだ。

独立後のアメリカでその政治を支配し、経済的に高い地位へ上りつめていたワスプたちは、アイルランド移民を社会の脅威と受けとめた。また、ワスプのもとで利益を享受してきた労働者たちは、移民が新大陸の賃金を引き下げるのを恐れていた。アイルランド移民の多くは何の技術も持たず、開拓農地を求めて中西部へ移動する金もない。東部沿岸の都市のスラム街に住みつき、道路や橋の建設など危険な工事現場で、どんなに安い賃金でも働いた。こうした移民の増加で、工事人夫の日当は実際に下落した。エリー湖とニューヨークをむすんだエリー運河の建設現場では、人夫の日当が一八四〇～四二年の八八セントから四三年の七五セントへ下がり、四七年に八八セントへ回復するまで低迷する(10)。豊かな生活の実現をめざして先にイギリスなどから移住した労働者は、後から来た移民によって賃金が引き下げられるのを認めることができなかったのである。

ドイツ移民の貢献を強調する教科書

移民の国アメリカの歴史教科書は、移民の歴史について他のどの国よりも詳しく解説する。高校の教科書『アメリカ歴史の野外劇』が書くドイツ移民の歴史から見てみよう。

「難民の多くは、凶作などが誘因となって祖国を追いたてられた農民であった。ただし、政治的な難民も少なくなかった。一八四八年の民主革命に失敗したかれらは、アメリカの民主主義を渇望して独裁的な祖国を脱出した。フォーティ・エイターズ（四八年組）と呼ばれた民主革命の指導者たちの移住は、ドイツにとって損失であったが、アメリカには利益となった。奴隷制度や役人の汚職に反対し、南北戦争では陸軍将軍まで勤めたカール・シュルツなど、ドイツ移民の熱心な自由主義者たちが、アメリカ政治の水準を高めるうえで大きく貢献したのだ」(11)。

ドイツ移民の貢献は、政治の分野にとどまらない。「アイルランドからの貧民とは違い、ドイツ移民の多くは、わずかではあったが、資金を持参していた。そのため、かれらのなかには、広大な中西部の開拓地へ入植してモデル農場を建設するものが少なくなかった。また、(開拓に不可欠となった)大型幌馬車やケンタッキー・ライフルを開発し、クリスマス・ツリーなどももたらした。芸術や音楽の振興などアメリカ文化の発展に、ドイツ移民は貢献した。教育水準の高かったかれらは、キンダーガーデン(幼稚園)など公共学校の普及にもかかわった。それに、南北戦争が始まる前から奴隷制度の廃止を強く訴えたのは、ドイツからきた自由主義の卓越した推奨者たちだった」。

一八三一〜一九〇〇年の間にアメリカへ渡ったドイツ移民は五〇〇万人に達し、アイルランドからの三八〇万人を上回った。しかし、洪水のように押し寄せたドイツ移民が、先着移民のワスプたちにパニックを起こさせることはなかった。その理由として、教科書は、ドイツ人が祖国を脱出した理由が多様であったことを指摘する。すなわち、アイルランド移民のように、飢餓と貧困が移住の主要な理由ではなかった。一八四八年の革命に敗れたフォーティ・エイターズは、民主主義の実現を希求していた。宗教上の自由をえるために移住したものも少なくない。さらに、自作農や熟練工が多かったドイツ移民は、東部の都市で工場労働者などの職を求めず、中央ヨーロッパの気候や土壌に似た開拓地をめざして、中西部の原野へ積極的に入植していったのだ。

中西部に多くの街と農村が建設され、全米各地に同じ宗派の信者たちが住むコミュニティが作られた。「(ドイツ移民の多様な活動が)地域社会を建設し、改革を芽生えさせた。南北戦争前のアメリカを活気づけた、こうした変化には、明らかにドイツ的な特色と影響が与えられたのだ」。ドイツ移民によることのような貢献が、東部の都市へ先に移住したイギリス系アメリカ人との軋轢を回避させる、大きな要因となったのである。

黒人を最初の攻撃対象としたアイルランド移民

アイルランド移民に関する教科書の解説は、ドイツ移民と対象的である。前出の教科書『アメリカ歴史の野外劇』に、その具体的な記述を見てみよう。

「先に移住したものが家族へ送った手紙は、多くの人びとの間で回し読みされた。〝税金は安く、強制的な徴兵はない。それに毎日三食くえる〟。アメリカからの手紙は移住先の豊かな暮らしを鮮明にえがいていた」。「暗黒の四〇年代」と呼ばれた一八四〇年代の後半、大飢饉に襲われたアイルランドから毎年何十万人もの貧民が、あこがれの新大陸をめざした。しかし、「運に見放されたかれらは、少しも歓迎されなかった。スラム街へ押し込められ、先着移民のプロテスタントたちからは軽蔑されて、差別される。ほとんど文字を読めなかったアイルランド女性には、女中のような仕事しかなく、男たちは運河の穴掘り人夫や鉄道建設の工夫など、不健康で危険な肉体労働にしかつけなかった。〝鉄道の枕木一本いっぽんの下には、アイルランド人の工夫が一人ずつ埋められている〟とさえいわれたほどだ。先着移民の労働者たちは、どんなに安い賃金の仕事でもいとわないかれらが自分たちの職場に就職するのをきらい、どこの工場の入り口にも、〝アイルランド人の就職応募、お断り〟の看板が建てられた」。

これに対し、アイルランド移民は出身地や職業の違いを超えて団結し、対抗した。生き残るためにかれらが最初の攻撃の的にしたのは黒人である。かれらも黒人たちと同等に差別されていたが、その黒人を肉体労働の職場から締め出さなければ、自分たちが職につけない。それが移民社会の現実であった。南北戦争（一八六一～六五年）が終わると、北東部の都市へ移ってきた南部黒人と、アイルランド移民との間で雇用の奪い合いが熾烈をきわめた。「アイルランド移民は、自分たちと同じように社会の最下層の位置にあった黒人に対し、攻撃を強めた。ニューヨークなどの港湾都市では、（沖仲仕などの港湾労働の職をめぐって）黒人との激しい暴動が頻発した。かれらの多くが、（南部黒人の北部労働市場への参入を許すような）奴隷制度廃止を支持しなかった理由には、こうした事情があったのだ」。

一八六〇年代末までに、ニューヨークの港湾労働者のほとんどは黒人からアイルランド移民にかわった。この頃から、他の都市においても最底辺の職場で黒人労働者を押しのけるのに、かれらは成果をあげ始めていた。黒人の上に立つことによって、白人社会の底辺の位置をかれらは初めて獲得することができたのである。

一九世紀後半、アイルランド移民の暮らしぶりは大きく改善した。貯金をして家を買い、生活をきりつめて子どもの教育に投資する。二世のなかには、ホワイトカラーの職につくものも出てきた。こうした生活向上に重大な役割を発揮したのが、かれらの政治力である。

「アメリカの政治家たちは、急増するアイルランド系アメリカ人の票を獲得するのにやっきになった。一八三〇～六〇年の間に、かれらの数は二〇〇万人も増えた。政治的に重要なニューヨークなどでかれらの票を獲得することは、政治家にとって大きな利益になったのだ」。こうした状況のなか、先に移住して経済的な成功をおさめたアイルランド系商人などの有力者が中心となり、マシーンと呼ばれる政治団体を組織していく。これは単なる政治組織ではなかった。次からつぎへと上陸するアイルランド移民のために多くの支援を提供し、その見返りとして移民たちに特定政治家への投票を指示する。「マシーンが移民たちへ求めたのは、民主党議員への投票だけだった。そのかわりにこの組織は、祖国からの移民たちへ食料を与え、冬期には石炭を、そして（帰化申請や選挙登録などの）法律に関わるさまざまな手続きへの支援も提供したのだ」。

マシーンはなぜ民主党支持だったのか。民主党と共和党による二大政党制は、南北戦争の前にほぼ確立していた。都市部の労働者と南部の農場経営者などの白人層、それに新たな移民を主な支持基盤とした民主党は、南部諸州の自治権を守るなど、反連邦主義を基本としていた。一方、南北戦争前の一八五四年に奴隷制反対をかかげ、中央政府の権限強化を基本とした共和党は、北部の白人プロテスタント企業家、黒人などを支持母体としていた。こうしたなかで、アイルランド移民が民主党の強力な支持勢力となった理由は二つある。一つは、南部農場主の利益を守るために、民主党が黒人奴隷制の存続を主張したことであった。解放される黒人との雇用の奪い合いが激化するのを、移民たちは恐れたのだ。二つ目は、同党が反連邦制の立場から地方政治を重視したことにあった。かれらのマシーンにとっては、市議会や州議会の地方政治の方が、影響力の行使が容易だったからだ。

「ニューヨークの〝タマニー・ホール〟など、東部諸州の各都市に組織されたマシーンは、強力な政治活動を展開するとともに、その報償として市役所などの職場に多数のアイルランド移民を就職させていく。ほどなくして、多くの大都市の警察署がかれらの警察官で占められていった。そこでは、かつて多数のアイルランド移民が刑務所へ運ばれた囚人護送車を、今やアイルランドなまりの英語を話す警官たちが運転するようになったのだ。……当選した民主党議員の力によって、役所の多くのホワイトカラー職がアイルランド系アメリカ人に開放された。警察官にくわえ、住宅建築の審査官や区長になるものもいた。イギリス警官の警棒と銃剣で（イギリスの植民地であった）祖国アイルランドを追いたてられた人びとにとって、それは思いもよらない運命の結果であった」。

一八九〇年の時点では、かれらの三分の二が非熟練労働者であったが、子供の時代には三分の一に減少し、ホワイトカラーの職につけた二世の割合は三八％に達した。消防士やガス供給などの地方公務員にくわえ、医師や弁護士などにつくものもいた。アイルランド系女性の職場進出も目覚ましく、一九一〇年代に入ると、教師の半分以上を二世の彼女たちが占める公立学校も出てきた。白人社会のなかに、アイルランド移民が新たな中産階級層を作り始めたのである。

より豊かになるための「経済のはしご」をはい上がろうとする、アイルランド系アメリカ人の闘いは広範囲におよんでいた。西部開拓の急進展も、その闘いに大きな転換点をもたらすことになる。

一八四八年二月、アメリカはメキシコ戦争（四六〜四八年）に勝利し、カリフォルニアの領地を獲得した。同地の北、サクラメントの東方を流れるアメリカン川で砂金が発見されたのは、その一カ月ほど前の同年一月二四日である。しばらくすると、金塊発見のうわさがサンフランシスコなどの都市へ伝わった。非熟練労働者の日当が一ドルにも満たなかった当時、金探しなら二〇ドルは稼げる。一日で一〇〇ドル以上の金を見つけた。次々と情報がひろまると、仕事をほうり出してアメリカン川へむかうものが続出する。五月二九日付けのカリフォルニアン紙によると、日曜日に教会へくる市民がいなくなった。種まきが半分しか済んでいない農場や、建築中の家屋もそのまま放置される。同紙はこの日、「金塊堀りで職員が職場を離れたため、新聞の発行を停止する」と発表した(12)。

排華移民法の制定を求めた白人の労働組合

一八四八年末までにアメリカ中でゴールドラッシュの狂騒に火がつき、四九年にはヨーロッパや中南米などから三〇万人もの外国人が、一攫千金を夢見てカリフォルニア州に上陸した。採掘者はその後も増え、八〇年までの三〇年間に、カ州の人口は九万三〇〇〇人から八六万五〇〇〇人へ激増する。しかし、一八五〇年代のなかばには、川原の金はすでに採りつくされていた。スコップや「洗い鍋」を使った金探しでは、もはや通用しない。東部の資本家が投資した鉱山会社が、採掘事業の主役となった。鉱山会社はネバダやアイダホなどの隣接州に新たな採掘場を求め、事業を拡大したが、肉体労働者の大量確保が大きな課題となった。カ州は一八五〇年、奴隷制を認めない自由州として連邦に加盟したため、黒人奴隷を使えなかったからだ。それに、南北戦争が六五年に終わると、南部諸州の再建や西部の鉄道建設に労働者がとられ、その不足はいっそう深刻化してきた。

そこで鉱山会社が目をつけたのが、中国人労働者であった。一八五四年以降、中国人の移民は増え始める。苦力《クーリー》貿易と呼ばれた中国人労働者の「輸入」に拍車をかけたのが、清国とアメリカが六八年にむすんだ中国人労働者輸送協定である。五四〜八三年の三〇年間に、アメリカへ渡った中国人労働者の数は三〇万人を突破した。

ところが、一八七四年にサウスダコタ州のブラックヒルズで金鉱床が発見されたのを最後に、黄金狂の時代は終わった。しかし、狂騒にわきたった多くの町は、一八六〇年代の中頃から、ゴーストタウンへ転じ始めていた。職を失った中国人労働者の一部は、サンフランシスコなどの都市へ移って工場労働者となり、なかには食堂や洗濯屋などを始めてチャイナタウンを興すものもいた。しかし、もっとも多くの中国人労働者が次にむかったのは、鉄道の建設現場である。

鉄道建設は一八五〇年代から東部地域に始まり、南北戦争が勃発した六一年の二年後には、大陸横断鉄道の建設が着手された。ユニオン・パシフィック鉄道とセントラル・パシフィック鉄道の国策会社が設立され、前者はネブラスカ州オマハを起点に、大平原のインディアン部族を強制移住させながら、ユタ州のプロモントリーサミットまでの一七〇〇キロを西へむかう。一方、セントラル・パシフィック鉄道はカ州サクラメントを出発してシエラネバダ山脈をぬけ、ユタ州にむけ一一〇〇キロを東へ突きすすんだ。

オマハから西へすすんだ鉄道建設には主としてアイルランド移民が、サクラメントから東へむかう工事には中国人労働者が使われた。人夫の日当は三ドル前後だったが、一ドルに引き下げられても、中国人の労働者は職を求めて集まってくる。かれらはトンネル爆破などの危険な仕事もいとわず、安い日当に文句もいわずに働き続けた。カ州からの鉄道工事に投入された労働力の九〇％を中国人が占め、その数は一万二〇〇〇人を超えたほどだ。

白人労働者にとって、中国人の存在が目ざわりになってきた。鉄道建設の現場のみならず、カ州の工場や工事現場でも、欧州からの移民と中国人労働者が最低賃金の仕事を奪い合う事態がひろまってくる。一八六九年に大陸横断鉄道が開通すると、失業した中国人がカ州の都市へ職を求めて移動した。それと同時に、大陸横断鉄道に乗って東部から西部へ移動する、ヨーロッパからの移民や労働者が増えてくる。

一九世紀後半、イタリアやギリシャなどの南欧と、ロシア・ポーランドなどの東欧からの移民が増え始めたからだ。こうした新移民の参入によって、西部諸州では職を奪い合う人種間の軋轢がいっそう激化したのである。

高校の歴史教科書『アメリカン・プロミス（アメリカの誓約）』は、当時の状況をこう解説する。「少なくとも八つの〝人種〟が、西部では迫害の対象であった。インディアン、ラテンアメリカ人、中国人、日本人、黒人、モルモン教徒、ストライキの労働者、そして過激な無法者たちであった」。「八つの人種」のうち、目立ちすぎたのが中国人である。中国人移民は、ヨーロッパからの移民に比べ少数であったが、かれらの七七％が集中したカ州では州人口の九％を占め、工場や農場、建設工事の現場などで中国人労働者の割合が高まってくる。こうしたなか、一八七〇年代にカ州などが大不況に陥ると、中国人が白人労働者による迫害と襲撃の的になったのだ。

南北戦争の終結（一八六五年）と鉄道建設ブームの終焉が発端となったアメリカの不況は、一八七三年から七九年まで続いたが、この間、多くの企業が倒産し、生き残った会社も労働者の賃金引き下げを断行した。これに対し、労働者は労働組合の組織化とストライキで対抗する。この時期、労働組合の全国組織の活動はかつてないほどの勢いを増したが、組合運動を主導したのはアイルランド系アメリカ人であり、カ州はかれらの運動がもっとも強力に展開される州の一つとなった。『アメリカン・プロミス』は次のように記す。

「一八七六年、中国人労働者を排除するための労働者党が組織された。同党の反中国人キャンペーンは人種的な敵意に満ちていた。この運動の熱烈な指導者で、労働者党を率いた（アイルランド移民の）

デニス・カーニーは、中国人のやつらを一人残らず追い返せと、人種差別をむき出しにして中国人排除の立法化を訴えた。……〝非白人〟グループがアメリカ社会へ同化するのに、(先に移住した)多くの人びとが反発し、人種平等の原則に異議をとなえたのだ。このような状況のもと、一八八二年に連邦議会は排華移民法を可決し、中国人の移民流入を禁止した。これが、その後のさらなる移民規制の先鞭をつけることになったのだ」(13)。

アメリカは建国以来、自由移民の原則を基本的に維持してきたが、ここに排華移民法が制定され、移民政策に初めて人種差別が持ち込まれることになったのである。

二〇世紀に入ると、アイルランド系アメリカ人は、イタリア人など後発の貧しい移民たちを自分たちの下におさえ込み、自らは白人社会の中間層へ上りつめていた。ところが、南欧や東欧諸国からの新たな移民が大幅に増えると、アイルランド系アメリカ人は、労働組合などの組織力を発揮し、今度は新移民の制限を公然と訴え始める。かれらがその政治力を世界中に誇示したのが、「一九二四年移民法」の制定であった。この移民法が日本の移民政策、ひいては昭和史の展開へ重大な影響をおよぼしていくのである。

3　出稼ぎ農民の送金をあてにした明治時代の日本経済

終戦の翌年、一九四六年の三月一八日から四月八日の間に、松平慶民宮内大臣や木下道雄侍従次長ら五人の側近が、太平洋戦争の原因や経過、終戦の事情などについて昭和天皇へ五回にわたり直接質問し、天皇の話しを記録に残した。これらをまとめたのが、『昭和天皇独白録』である。その冒頭で天皇は、「大東亜戦争の遠因」を次のように述べた（原文のまま）。

「この原因を尋ねれば、遠く第一世界大戦后の平和条約の内容に伏在してゐる。日本の主張した人種平等案は列国の容認する処とならず、黄白の差別感は依然残存し加州移民拒否の如きは日本国民を憤慨させるに充分なものである。又青島還附を強いられたこと亦然りである。かゝる国民的憤慨を背景として一度、軍が立ち上がった時に、之を抑へることは容易な業ではない」(14)。

第一次大戦後のパリ講和会議（一九一九年）で、日本は国際連盟の規約案に人種平等条項をもり込むよう提案した。アメリカやカナダで激しさを増していた、日本人移民への排斥と迫害を止めさせるためであった。しかし、提案は欧米諸国に否決され、五年後の二四年には、アメリカが排日移民法（一九二四年移民法）を制定して新たな日本人移民を禁止した。この日本人排斥が太平洋戦争の遠因になったと、昭和天皇は指摘したのである。

「天皇独白」に触れない高校の歴史教科書

二〇一四年度『日本史B』一九点のうち、「天皇独白」に触れるものは一点もない。そればかりか、排日移民法制定にいたる日本人の海外移民について、本文あるいは脚注で触れるのは二点しかない。そのうちの一点、明成社の『最新日本史』は、「(明治の中頃から) 国内での生活苦を脱し、新天地に活路を求めようとして海外への移民も多くなった。移民の数は年々増加し、明治四十一（一九〇八）年には在米日本人だけでも十万人を突破し、アメリカではしだいに排日運動がおこるようになった」[15]と解説する。

二つ目の三省堂の『日本史B改訂版』は、「移民の人びととの歴史に関心をもとう」の「テーマ学習」を二ページにわたって設け、アメリカ移民から満州開拓移民にいたる移民史の概要を書く。また、主として工業高校や商業高校などの生徒が学ぶ、近現代中心の『日本史A』の教科書のなかにも、こうしたコラム欄を設けるものが数点ある。たとえば、清水書院の『日本史A最新版』や山川出版社の『日本史A』はそれぞれ「大日本帝国をめぐる人口移動」、「満州移民とその崩壊」と題するコラム欄で、アメリカやブラジル、満州への移民の歴史を解説する[16]。ただし、近現代史の『日本史A』でも通史の『日本史B』でも、日本人の移民を重要な歴史的事象として位置付ける教科書はなく、多くの教科書がこれを無視してきたのが実態である。それはなぜなのか。

一つの要因は、文部科学省の学習指導要領にある。現行の高等学校学習指導要領解説の地理歴史編(二〇一四年一月一部改訂)は、日本人の移民が本格化した、明治中期以降の産業発展と国民の生活・文化の変容について、次のように授業をすすめるよう指示している。「殖産興業政策を基礎に、……繊維工業、軍需工業を中心とした産業の急速な発展によって我が国の資本主義が確立したことを考察させる。その際、近世以来の教育の普及と就学率の高さが産業の発展を支えていたことや、近代産業の発展を背景に社会問題・労働問題が発生して社会運動が起こったことに着目させる。この時期の国民生活の向上については、出版や交通・通信など身近な事例から近代産業の発展に伴う変化をとらえさせる」。

すなわち、指導要領が、明治の中期以降における産業の発展と国民経済の変化に関する学習で強調するのは、殖産興業政策による資本主義の確立と近代産業の発展に伴う国民生活の向上であり、資本主義の確立の過程で発生したさまざまな問題については、多くの教科書が、長時間労働と低賃金に反発する労働組合の運動や、足尾鉱毒事件の社会問題化などに焦点を当てるだけだ。そのため、国内の窮乏から脱出し、海外へ活路を見出そうとした移住という、農民と都市貧民の動きに注目する教科書がほとんどないのである。

ただし、高校の歴史教科書が移民の歴史を軽視する要因は、学習指導要領だけではない。ここでも、戦中・戦後の食料難と同様、「歴史を暗いものにしてはならない」という、権力者側の意図が働いているのではないか。そうした疑念がわいてくる。疑念は単なる憶測にすぎないのか、あるいは、それが実態なのか。それを確かめるため、次から移民をとりまく日本の現代史を少し具体的に見ていくこととする。

ハワイからアメリカ本土へ再移民

一八六七（慶応三）年、江戸幕府はハワイ王国の要請を受け、同国がサトウキビ農場の労働者の募集を日本でおこなうことを許可した。しかし、その翌年に幕府は倒れ、混乱のなか、同国の駐日領事ヴァン・リードは明治元年、移民に応募した一五三人（男一四六、女五、子供二）を旅券なしで横浜港からハワイへ送り出した。その後、移民はしばらく途絶えたが、ハワイ王国との間で移民条約が締結された一八八五（明治一八）年以降、移民の送出が本格化する。

一九世紀中頃までにハワイ王国では、アメリカ人の入植者たちがサトウキビのプランテーションを開発していた。その後、南北戦争（一八六一～六五年）でアメリカ南部から北部への砂糖供給が止まり、ハワイの精糖業はいっそう拡大したが、サトウキビ畑での労働者不足が深刻化する。低賃金でも働き続ける労働者の安定的な確保が、農場経営者にとって重要な課題となるなか、かれらは日本からの移民受け入れを画策した。

ハワイ王国との移民条約をむすんだ政府は、移民送出を国策として取り組むこととなった。移民の募集から選定、輸送を政府がおこなう、「官約移民」の始まりである。日清戦争を契機に政府は一八九四年、移民業務を民間会社へ移管したが、それまでの一〇年間、二六回の官約移民でハワイへ渡ったものは二万九一三九人（うち、女性五七九九人）に達した。

一八九八年にハワイがアメリカに併合され、日本人のハワイ移住はアメリカの移民関連法の適用を受けることになった。これが移民増に拍車をかける。アメリカは、外国人契約労働者法によって、半奴隷的な低賃金の契約労働者の入国を禁止していたため、ハワイで奴隷のような境遇のもとにあった日本人の契約労働者は自由の身となり、転職が可能となった。当時、「ハワイのサトウキビ農園の日給が六九セントだったのに対し、（カリフォルニア州の）シアトル・タコマ地区では鉄道労働者の日給が一・二五～一・三五ドル、サンフランシスコ地区ではイチゴやトマトの収穫作業の日給が一・五〇ドルと宣伝されていた」(17)。

このため、賃金の高いカ州などにむけ、ハワイ在住の日本人移民の半分以上がアメリカ本土へ転航した。それにくわえ、ハワイ経由で本土へ移住するものも増えた。本土への移住はすでに制限されていたため、比較的容易であったハワイへいったん上陸し、その数カ月後に本土へ渡る。こうした計画的な転航移民が一九〇〇年代に急増したのだ。

日露戦争（一九〇四～〇五年）後の不況が、この要因であった。戦争景気は終わり、農民と失業者の移民が増えたのだ。一八九九（明治三二）年の在米日本人三万五〇〇〇人は、一〇年後の一九〇九年、一〇万三〇〇〇人を突破する。当時のアメリカ総人口約九〇〇〇万人のうち、日本人の割合は〇・一%にすぎなかったが、カ州では四万人を超え（同一・七%）、サンフランシスコなどの都市部では日本人の存在が目立ち始めていた。それに、カナダやメキシコ、フィリピンからも、アメリカ本土へ再移民する日本人が増えてくる。排華移民法制定の一八八二年当時と似たような状況が、西部沿岸州で発生していたのである。

大金を持ち帰った出稼ぎ者たち

移民の目的は出稼ぎだった。外務省が一八八六（明治一九）年、ハワイへの移民に配布した出稼人趣意書には、次のようなことが書かれている。①労働時間は一月当たり二六日間労働、一日の戸外労働一〇時間、工場労働の場合一二時間、②給与は男一カ月九ドル（女六ドル）、他に食費男六ドル、女四ドル（当時の交換レートは一ドル＝一円）、③ただし、給料の二割五分（男二円二五銭、女一円五〇銭）は毎月の積立金とし、領事の手をへて駅逓局貯金銀行へ預ける、④満三年の労働契約終了時に積立金は男八一円、女五四円、これに幾分かの利子がつく、⑤積立金を差し引いた給与の残額に、節約した食費と残業代を足せば、三年間で四百円の蓄財も可能となる(18)。

移民たちは必死に働いて貯金をし、三度の食費もきりつめて留守家族へ送金もした。一八八五～九四

（明治一八～二七）年の官約移民で、移民全体の三八％（一万一一二二人）をハワイへ送り出し、その数が全国一位であった広島県の『広島県移住史』によると、八五年から九一年末までのほぼ五年間に、三四三八人の移民（ハワイへの同県出身移民の七五％）が家族へ送金した総額は、一一七万円を突破した。これは九一年度の同県予算の、実に五四・三％に相当する。各移民の送金累計額を見ると、一人当たりの平均額は約七八円で、最高八九六円、最低三円、五〇円以内が送金者全体の四三％、五〇～一〇〇円が三三％を占めており、ほとんどの移民が、現地での貯金の他に、わずかずつでも家族へ送金を続けた姿が想像できる。その後、移民の送金と帰国者の持ち帰り金は増え続け、一九〇〇～〇五年には県の歳入総額を上回ったほどだ。ちなみに、一八九一年の移民帰郷者五〇八人の送金と持ち帰り金の平均は三三五円（最高一八一〇円）で、これは当時、県内の農業労働者（常雇い）がえる年収一八円（月給一円五〇銭）の一八倍以上であった。小学校教員の初任給が五円から一〇円（明治一九～三三年）の時代、移民の稼ぎがいかに大金だったかを推測することができる(19)。

政府も移民たちの稼ぎをあてにしていた。一八八九（明治二二）年の「布哇《ハワイ》国渡航者必携」には、こう書かれている。「近来、満期解約となりたる者、往々にして本国に帰らず、いま一儲けなどと思いつきて五人三人の組合を設け、その貯蓄したる金を資本として種々の営業を営むるものあれども、いまだよく一人もその間に目的を遂げたるものなく、……空しくして三年の辛抱を水泡に帰せしむるもののごとし。……ゆえに、満期となりたるものは何ほどにても貯蓄したるだけの金を携えて帰国すべし、これに過ぎたる上策あるべからず」(20)。

当時の政府にとって、外貨の確保は喫緊の課題であった。明治元年から四四年までの間、貿易が黒字になった年は一六回しかない。明治二七年以降は、毎年のように赤字が続いた。主な輸出品は生糸と綿糸、絹織物、茶、石炭だったが、綿花や綿布、砂糖、機械、鉄鋼などの輸入額が増え続けたのだ。経常収支の赤字は、明治後期から大正末期にかけさらに増えた。『日本貿易精覧増補復刻版』（一九七五年）によると、一九〇四～一四（明治三七～大正三）年期から一九二三～二九（大正一二～昭和四）年期に、貨物輸出入収支は年平均マイナス五二八三万円から同三億二二七八万円へ、その赤字幅を拡大した。

他方、これら期間の統計では、「海外事業・労役及び利益」を構成する、「海外事業純益」と「出稼ぎ人等仕送・持帰金」の内訳は不明だが、これらを仮に折半にしたとしても、出稼ぎ人らの仕送りと持ち帰り金は、年平均で一七六八万円から五一七一万円へ三倍ちかくに増えている。それは、この間の経常収支の赤字を二割から三割も縮減するのに貢献した。移民たちが稼いだ外貨は、「わが国在外正貨の一大プール地である（横浜正金銀行の）ロンドン支店に送られ、貿易の決済や国債の利払いに使用されていた」(21)。移民が稼いだ外貨を確保し、これを活用する。政府が移民送出を積極的に推進した理由は、ここにあった。移民が国家的な大事業へ成長していたのである。

4　農業を踏み台にした明治の殖産興業

出稼ぎ農民の送金や持ち帰り金をあてにせざるをえないほど、明治の日本は貧しい国であった。米の凶作で飢饉が発生し、米価は三割も四割も乱高下する。食料市場の不安定要因の一つは、米の〝飢餓輸出〟にあった。一八五九（安政六）年の横浜・長崎・函館の開港以降、政府は米麦の輸出を禁止していたが、七二〜七四（明治五〜七）年にこれを解禁し、香港やロンドンなどへ一七万トンの米を初めて輸出した。その後も年間数万トンの輸出は続き、九〇（明治二三）年には二四万トンのピークに達した。目的は輸入用外貨の正金（金貨およびその地金）の獲得にあった。欧米諸国から工業製品を買うためには、国内の米消費を減らしてでも外貨を稼がなければならない。そういう時代が日本にも存在したのだ。

一八七一（明治四）年の壬申戸籍《じんしんこせき》に基づいて実施された、明治六年の職業別人口集計によると、一五二〇万人（七九・二％）が農業に従事していた。当時の日本は、農家人口が総人口約三三〇〇万人の八割を占める、まぎれもない農業国であった。現在から四〜五世代さかのぼれば、私たちの先祖の五人に四人は農民であった。しかし、それでも多くの人びとが主食の米を十分に食べられる時代ではなかった。

民俗学者の宮本常一は、「（山奥の村で）親が重い病気にかかって死のうとしているとき、竹筒に米を入れて、それをふって音を聞かせ、〝これが米というものだ〟といったという話もほうぼうで聞いた」(22)という。振《ふ》り米《ごめ》というこの習慣には、あの世で米を食べられるよう米の音を覚えておいてほしいとの家族の思いが、込められていたのだ。

欧米型農業の導入を志向した遣米欧使節団

「維《これ》、新たに」と、すべてを改めようとした明治維新であったが、新政府は人びとを飢えから解放し、食料供給の安定化を実現することができなかった。なぜなら、そこには農業政策の混乱と、封建時代さながらの、農民に対する苛斂誅求《かれんちゅうきゅう》があり、食料問題の解決が政府の優先課題とはならなかったからである。

農業政策の混乱には、遣米欧使節団（岩倉使節団）の派遣が影響した。一八七一（明治四）年一一月、時の右大臣兼外務卿（大臣）の岩倉具視を特命全権大使とする使節団が横浜港を出発し、約一年一〇カ月をかけ欧米一三カ国を歴訪して、七三年九月に帰国する。木戸孝允や伊藤博文などの政府高官四六人、随員一八人など総勢一〇七人の大使節団であった。

使節団は通商条約の改正予備交渉という使命をおびていた。それと同時に、欧米先進国の視察・調査も重要な目的であった。その対象は、文明国の国会や裁判所、国立銀行、陸海軍の兵器廠の視察や憲法・法律・教育制度の調査などと、広範囲におよんだが、農業政策も重要な調査の対象であった。使節団書記官の久米邦武が帰国後に執筆し、一八七八（明治一一）年に発行した『特命全権大使 米欧回覧実記』によると、使節団は多くの国で農業関係の視察をおこない、欧米諸国の農業の発展ぶりに強い関心を示した。

使節団の視察結果は、新政府の農業政策へただちに反映された。農学校での指導者育成、農業試験場での研究に基づく生産技術の普及、欧米の農業機械・種子・家畜・肥料などの導入による増産などが、その具体策である。ただし、使節団が夢に見た日本農業の将来像は、水田稲作を中心とするものではなかった。「農産物が輸出できなくては国利も生まれ得ない。……稲作から麦作に移行することは、日本の農業の改善策として最も手近な方法なので、麦畑を増やし、小麦粉を生産することは、現在緊急を要する経済政策の一端であろう」(23)。一八七三（明治六）年一月、使節団がパリ市内のパン工場を視察した際の『米欧回覧実記』の一部である。欧米諸国の技術を導入して麦作と酪農を振興し、農産物の輸出によって工業を発展させるという方向へ、使節団は夢をふくらませたのである。

使節団が帰国した翌年の一八七四（明治七）年、欧米の農業技術を学ぶための農事修学場が、現在の新宿御苑内にさっそく開設された（七八年に駒場農学校へ。現在の東京大学農学部の前身）。七六（明治九）年に札幌農学校が開校し、七七（明治一〇）年には、欧米諸国から輸入した優良種子の育成や牛・馬の改良などをすすめる三田育種場が開設されるなど、農学校や試験場が次々に設立された。しかし、これらの施設は日本農業の現場とは完全に遊離し、農民に役立つような成果をあげることはなかった。

農事修学場には予備科や、農学・獣医学・農芸化学の農学科などが開設されたが、入学には数学や英語、物理などの試験が課せられた。そのため、入校生は藩校や私塾で英語などを学べたものに限られる。一八七七（明治一〇）年、予備科入学の二七人のうち、士族出身は二二人、平民五人、二〇人が入学した農学科では士族出身が一九人、平民一人で、農業の実態など何も知らないものばかりだった(24)。一方、イギリスから来た五人の教師は日本語を解さず、イギリス農業の講義しかできない。稲作については、来日途中に熱帯稲作を数十日間研究したイギリス人教師が、その調査結果を教えるというありさまであった。

欧米人による農業教育は机上の空論で、国内の農業には何の役にも立たないのではないか。そうした疑問が政府部内にひろまるには時間を要したが、それでも明治一〇年代の終わりまでに、駒場と札幌の農学校を残し、多くの施設が廃止、あるいは改変された。明治政府の農業政策は最初から大きくつまずいてしまったのである。

地租改正に頼って実現した財政確立と殖産興業

一八七三（明治六）年、政府が決断した地租改正は明治時代の最大の農政改革であった。その骨格は、①江戸時代の年貢は田畑の収穫量をもとに決められていたが、これを政府決定の農地価格（地価）を基準とする地租へ変更し、支払いは金納とする、②地租の税率は地価の三％とし、さらに地租の三分の一以内で村入費（地方税）を課す、③地租は農地の所有者が支払う（小作人は引き続き地主へ現物で年貢を払う）、というものであった。

地租改正は大部分の農民にとって厳しい内容となった。政府は租税収入を確保するため、基準の地価を意図的に高く設定したため、「（地価三％の）新地租は（「五公五民」を基本とした）旧貢租とほとんどかわらないほどに高率なものとなった」(25)。それに、地租は米の豊凶にかかわらず定率となるため、凶作の際の年貢免除や軽減措置など、農民側の〝うまみ〟がなくなる。また、農民へのいわば人頭税が、地租の三分の一以内の地方税として課せられ、農民たちが尋常小学校など村役場の費用まで負担を強要されたのだ。

農民は地租改正に反発し、各地で一揆を起こした。政府は当初、武力で鎮圧しようとした。しかし、当時、俸禄の廃止に反発する士族の武装闘争が、農民を巻き込んで全国規模の内乱を起こしかねない。それを恐れた政府は一八七七（明治一〇）年、詔勅をもって地租を地価三％から二・五％へ、地方税を地租の五分の一以内へ引き下げた。

一八八〇年代のなかばに地租改正は完了し、租税収入の基盤が確立した。その後、商工業の営業税や労働者の所得税などが新設されたため、税収に占める地租の割合は、八〇年代までの七二〜八二％から一九〇〇年代には二〇〜三〇％へ低下した。それでも、新政府樹立後の二〇〜三〇年間、約五三〇万戸の農家が納めた税金が日本の近代化、文明開化に多大な貢献をしたのはまちがいない。「地租改正は、それが完了した明治一三〜一四年ごろから、日本に資本主義産業をつくりあげる前提諸条件をつくるのに、もっとも大きな役割をはたすことになる」(26)と、歴史学者の井上清が述べたように、農民の税金が富国強兵と殖産興業を実現させるための元手になったのである。

ところが、地租改正の重税で多くの農家が経営悪化に陥った。凶作後の生産回復などによって、米価が二割も三割も下落する事態がくりかえし起こる。また、納税用の現金を必要とした農家は、出来秋に米をいっせいに市場へ売らざるをえず、足元を見られて商人に買いたたかれた。このため、借金を返せずに経営破たんする貧農が増え、自作農から自小作へ、自小作から小作農への転落という、農民の階層分化がすすんだ。その一方で、増え続ける小作農からの小作料で財貨をためる不在地主（寄生地主）のもとへ、農地が集まるという現象が全国にひろまった。

一八八三（明治一六）年から一九一二（明治四五）年の三〇年間に、農家総数に占める自作農の割合が三八・七％から三三・一％へ減り、自小作は四一・三％から四〇・八％へ微減し、小作農は二〇・〇％から二七・一％へ増えた。こうした傾向が続くなか、明治の末までに全国の農地のほぼ半分が、五町歩以上の在村の不耕作地主と不在地主に集積する。「米作の進歩そのものに切実な関心を持つ極めて少数の地主の傍らには、米価の高低にのみ狂熱を感ずる地主の大群があった」(27)。税制調査会長（一九六五〜七四年）などを勤めた東畑精一がこう指摘したように、不在地主たちは小作農の年貢米の価格高騰に執着するだけで、営農指導や灌漑施設の改善などを主導しようとはしなかった。これが日本農業の生産性向上に重大な悪影響を与えたのである。

明治農法の成果を帳消しにした驚異的な人口増と寄生地主

話しは前後するが、明治一〇年代から二〇年代に入ると、一部の篤農家を中心に、農業技術の改革の動きが全国各地に生じた。米の多収穫品種の普及や肥料の投入増、犂《すき》の改良による家畜を使った耕うん作業の効率化など、改革の波は多方面におよんだ。

農民の間から生まれて発展し、「明治農法」と呼ばれた稲作技術は全国各地へ普及したが、なかでも、低湿田の乾田化と犂の改良が合体して実現した、「乾田馬耕」の技術革新が、水田農業の発展に大きく貢献した。現在の日本では、有機米の生産などの特殊なケースをのぞき、冬期の水田に水を張ることはない。しかし、明治の時代、「冬期湛水田」は東北や中四国、九州などの地方に数多く存在した。江戸時代までの新田開発では、灌漑用水の確保が優先され、低湿地などでは排水整備が先送りにされたため、水はけの悪い低湿田が全国の水田の二〇%ちかくも存在したのだ。

低湿田では冬小麦などの二毛作ができない。犂を使って深耕することも難しく、米の収量は灌漑・排水の施設が整備された水田より三割から四割も少なかった。この弱点の克服に、「乾田馬耕」の技術革新が大きく貢献したのである。

全国の草の根レベルで積み重ねられた農民の増産努力が結実したのは、明治三〇年代である。一八七八（明治一一）年から開始された水田反収の統計を五年ごとの平均値で見ると、明治一一〜一五年の一反（九・九アール）当たり一・一六石（玄米約一七四キロ）の収量は、二一～二五年に一・四二石へ伸び、さらに三一～三五年には一・五二石に達した。二〇年ほどの間に三〇％以上の収量増が実現されたのだ。

一方、北海道の開墾や東北地方などでの新田開発により、一八七八（明治一一）年から一九一一（明治四四）年に、水田面積が二四九万町歩から二八八万町歩へ一五・五％増えた。これに反収増の効果がくわわり、米の生産量は二五二七万石から五〇六八万石へ倍増する。しかし、それでも誰もが米を十分に食べられる時代は到来しなかった。一人当たりの米消費量は七四（明治七）年の〇・六八石が九一（明治二四）年に一・〇六石に達したものの、その後は伸びが続かず明治末期まで、〇・八八～一・二一石の間で不安定な増減をくりかえしたのだ。

米の生産が需要に追いつけなかった最大の要因は、明治初期からの人口急増である。江戸時代の後期、ほぼ三〇〇〇万人の水準で停滞していた人口は、近代的な戸籍制度が開始された一八七二（明治五）年の時点で、三四八一万人に増えていた。その後、著しい人口増が毎年続き、一九一一（明治四四）年に四九八五万人、二五（大正一四）年には五九七四万人へ達する。この五四年間に、人口が一・七倍へ増えた。明治五～一〇年期の年平均〇・六〇％の増加率が大正九～一四年期の一・三一％へと、二倍以上へ高まったのだ。

フランスではこの時代、人口が安定期から減少期へ移り、産業革命以降に人口が急増したイギリスでも、増加率が年率一％を割っていた。なぜ日本の人口が大幅に増えたのか。明治の中頃、慶応義塾大学で経済学を教えたギャレット・ドロッパーズは、江戸時代のさまざまな制限や規制が撤廃されたためだと分析した。凶作と飢饉、災害と疾病などの人口増を抑制する要因が減少し、同時に、幕府の奢侈禁令《しゃしきんれい》や武士の晩婚・少産の慣行、貧民の間で続けられていた堕胎や間引きの悪習など、人口増を規制する要因も排除された(28)。四民平等が叫ばれ、都市部を中心に産業の近代化がすすむなか、移動と就職が自由度を増す。青年男女が所帯を持つことも容易になる。この変化のなかで芽生えた人びとの高揚感が、江戸後期の晩婚・少子化傾向を後退させ、婚姻増と早婚・多産を後押ししたのである。

また、医療や衛生の発展も人口増に貢献した。一八七八（明治一一）～一九二六（大正一五）年の約五〇年間に、全国の病院数は二三五カ所から一八三七カ所へ八倍ちかくに、登録された助産婦の数は一万二〇〇〇人から四万四八〇〇人へほぼ四倍に増えた。人びとの衛生観念の高まりとともに、医療の発展が幼児や児童の死亡率低下に効果を発揮したのだ。

このように人口が急増するなか、北海道の開拓が食料確保のためにもっとも重要な政策課題となった。にもかかわらず、その政策は「ネコの目農政」のごとく揺れ動き、政府の食料増産をつまずかせる、もう一つの要因となってしまった。

政府は一八六九（明治二）年、蝦夷地を北海道と命名し、未開地の開墾に着手する。だが、目的は貧窮士族の救済にあった。旧藩や旧武士の集団に一定の現金を与え、未開地を開拓させる。開墾政策には北辺警備の目的もあったが、同時に、没落武士を北方へ処分したいとする政府の思惑もあった。廃藩置県が断行された七一（明治四）年、政府や県の官吏の職につけた士族は少数で、禄を失った二〇〇万人もの旧武士は困窮にあえぎ、反発を強めた。徒党を組んで暴挙に出られてはやっかいだ。旧藩ごと北海道へ送り込む。開墾政策には、本州の治安維持というねらいもあったのだ。

これでは、開拓の成果があがるはずがない。旧藩や士族集団による開墾事業のほとんどは、厳しい自然環境にはばまれて頓挫した。ふなれな土木作業に耐えられず、数年間で北海道を離れる士族が続出する。このため、一八七四（明治七）年、政府は屯田兵例則を定め、翌年から屯田兵を入植させて開墾に従事させた。屯田兵制度は、旭川に第七師団の正式軍隊が配備された一九〇四（明治三七）年に廃止されるが、それまでの間、約七三〇〇戸、四万人の失業士族と農民が北辺警備と農地の開拓に取り組んだ。

ところが、屯田兵廃止とともに、政府は北海道開拓から手を引いてしまう。未開拓の官有林原野を、政府の重臣や華族などの資本家へ払い下げたのだ。林野の開墾は資本家にまかせ、かれらに欧米式の大農場を開設させる。これが政府の食料増産政策だったのである。

こうした政策転換で、北海道の農業開発にさまざまな変化が生じてくる。その一つが本州からの移民増であった。資本家の手に渡った官有原野に大農場を建設する。その作業を、北陸地方などから移住した農民がになったのだ。官有原野の払い下げと、明治三〇年の北海道国有未開拓地処分法による移住者への無償貸付によって、一八〇万町歩を超える、道内の農耕適地が明治三〇年代までに処分された。大規模な農場が建設されると農地は細分化され、移住者たちへ小作地として貸し出される。一方、自作農を夢見て北海道へ渡った移住者には、開墾の補助金が政府から支給されたが、一年目の生活費の足しになるだけだった。自己資金の乏しい貧農たちの多くは、悪天候による不作などを契機に小作農へ転落し、かれらが開墾した農地は、寄生地主のもとへ集積していく。自作農は育たず、本州の半封建的な小作関係が北海道においても再現され、拡大してしまったのだ。

『新北海道史第九巻史料三』によると、一八八七（明治二〇）年に約一万四三〇〇戸を数えた北海道の農家戸数は、一九一二（明治四五）年に一六万戸へ激増したが、この二五年間に自小作および小作農の割合は一七％から五六％へ三倍以上となり、水田と畑地の耕地面積（六一万七六〇〇町歩）に占める小作地の割合も、一九％から四七％へ増えた。

一方、北海道へ移住する農業人口は、一九一二（明治四五）年の四万六六〇〇人をピークに、昭和初期には一万人前後へ減少する。さらには、北海道を離れる農民が明治後期の年間二〇〇〇～四〇〇〇人から大正末期に七〇〇〇人以上へ増え、海外への移民も一九二二（大正一一）年の二八〇六人から、三二（昭和七）年の三四七八人へと、漸増した。こうした流れの行きつく先が、不在地主の増加であった。四〇（昭和一五）年までに、道内の不在地主は一万六三七三戸（うち、五ヘクタール以上三七九六戸）に達している(29)。北海道の開拓は自作農を増やすどころか、寄生地主をはびこらせる結果をまねいてしまった。食料不足と農村疲弊は、明治から昭和の初期にかけ、日本に重くのしかかる深刻な国家的課題であったが、北の大地の耕作がそれを解決するための切り札にはならなかったのである。

寄生地主の増加傾向はその後も止まらなかった。一九〇三（明治三六）年から二二（大正一一）年の二〇年間、全国の小作地は二一％も増えた。一方、米の収量増で現物の小作料もじりじりと上がる。一八九〇（明治二三）年から一九一三（大正二）年の間、水田の小作料（全国平均）は一町歩当り一・〇三石から一・一二石へ引き上げられた。寄生地主の取り分が増えるばかりで、小作農たちはやる気を失い、小作料の減免を求める争議行動へ力を傾注する。全国の小作争議は、一九二一～二四（大正一〇～一三）年の年間一五〇〇～一九〇〇件台から、三五～三七（昭和一〇～一二）年には六一〇〇～六八〇〇件台へ激増した。しかし、日中戦争勃発（一九三七年）の翌年、政府は国家総動員法を定め、小作争議を厳しく弾圧したため、日中戦争期には争議件数が三〇〇〇件台へ急減する。ところが、小作争議はその後も止まず、太平洋戦争中も年間二〇〇〇件台で続いたのだ。

農業を踏み台にして、殖産興業と富国強兵の途を突きすすんだ明治政府の農業政策が、食料増産につまずくなか、政府は小作制度と寄生地主の問題に手をつけるどころか、これを定着化させてしまった。このような状況のもと、日本は、日米開戦を目前にしながら、地主と小作農との緊張関係を排除することもできなかった。食料の増産も備蓄の積み増しもできず、日本が太平洋戦争へ突入した背景には、こうした問題が存在していたのである。

5　日清・日露の戦争に勝った「一等国」と排日移民法の制定

ふたたび明治の時代へ戻るが、一八九七（明治三〇）年、明治農政のつまずきを露呈するような事態が生じた。この年、朝鮮米の輸入が二〇五万石（約三一万トン、総供給量の五・四％）に達し、日本は米の純輸出国から純輸入国へ転落したのだ。農業が国民食料の増産に集中できない。外貨獲得のため、米や生糸、茶をはじめ、小麦から落花生まで多くの農産物を輸出して外貨を稼がねばならなかった。生糸を売って軍艦を買う。日本はそうした貿易構造から容易に抜け出すことができなかったのである。

米不足が一つの要因となった日清戦争

日清戦争は、日本が米の純輸入国へ転落する三年前、一八九四（明治二七）年に起こった。戦争の火種はその一〇年も前からくすぶっていた。八四（明治一七）年、朝鮮王朝内部の親日派と親清派による分裂抗争（甲申政変）が起こると、日本と清国は、自国に近い派閥への支援を口実に、朝鮮の首都京城へ軍隊を送ったが、親日派のクーデターは失敗に終わった。両国は兵をひいて天津条約をむすび、いったんはその緊張関係をといた。この条約交渉に日本側全権・伊藤博文の法律顧問として随行した有賀長雄は一九〇四年、アルフレッド・ステッド編の『ジャパン・バイ・ザ・ジャパニーズ（日本人が書いた日本）』へ、「一八八四年の朝鮮事件」と題する英語の論文を寄稿し、清国側全権の李鴻章との協議内容を明らかにする。その論文によると、八五年四月三日天津での会議の席上、伊藤は日本側の主張の正当性について次のように述べた。

「清国の朝鮮に対する要求は、歴史的なものでしかない。すなわち、清国はその歴史において朝鮮を朝貢国の一つとみなしてきたが、その歴史的なめんつがつぶされることをもっとも嫌うあまり、歴代皇帝の栄えある遺産として朝鮮を隷属的な国家とみなすことに執着している。一方、われわれ日本の朝鮮に対する要求は、経済的なものである。すなわち、日本は朝鮮に対して何らの法的権限も要求していない。ただ、われわれは、日本の地理的な事情と人口の絶えざる増加へ備える必要性から、米の国内生産量の不足分を補うための最良の供給地として、かつ、日本の将来の子弟たちが雇用をみつけるためのもっとも手近な場所として、朝鮮を利用したい。そう主張しているだけなのである」(30)。

当時、日本の穀物商が朝鮮で買い付け、日本へ送った米は、年間一～二万トンにすぎない。しかし、一八八九（明治二二）年の凶作以降、「国内生産量の不足分を補うため」と伊藤博文が李鴻章に明言したように、朝鮮米の輸入が増えてくる。朝鮮の稲作は天水依存で、その生産量は不安定であったため、日本商人の買い付けは米価の高騰をまねき、朝鮮の貧民の生活を圧迫した。このため、朝鮮政府は国内市場の安定化を理由に八九年、防穀令を発して米と大豆の対日輸出を禁止する。これに反発した日本政府は、防穀令の解除と不利益を被った日本人穀物商への賠償を求め、圧力を強めた。翌年、朝鮮は防穀令をといたが、賠償には応じない。交渉は四年ちかく続き、最後は、国交断絶の最後通牒で恫喝した日本側に朝鮮政府が屈し、一一万円余の賠償金を払った。

翌年の一八九四年、日清両国は戦争へ突入した。キリスト教（西学）を否定する朝鮮の民族的な宗教（東学）の指導者が農民軍を組織し、減税と排日を求めて反乱を起こすと、清国は朝鮮政府の要請を受けて出兵し、これに対抗して日本も兵を派遣する。甲午農民戦争（東学党の乱）と呼ばれるこの反乱が、日清戦争を引き起こした。日本の歴史教科書はこう解説する。しかし、日本の穀物商人などによる経済進出に朝鮮の農民が「排倭意識」を強め、「逐滅倭洋」の東学党へ結集したことについて、教科書は何も書いていない。そこでは、朝鮮米の買い付けをめぐる日朝間の軋轢が強く影響していた事実が、触れられていないのだ。

日清戦争に勝利した日本は三国干渉を受け、清国から割譲した遼東半島を返したものの、その還付代償金三〇〇〇万両《テール》と戦時賠償金の二億両を獲得した。これらは当時の邦貨で三億五六〇〇万円、国家予算の四倍を超す額である。巨額の賠償金に〝味をしめた〟日本の軍部と政府は、軍拡路線を突きすすんだ。そして、日清戦争の九年後、一九〇四〜〇五（明治三七〜三八）年の日露戦争で大国ロシアを破り、世界を驚嘆させたのである。

黄禍論をふりかざした日本人移民の排斥

ところが、この日露戦争の勝利が、アメリカでの日本人排斥運動につながってしまった。それは、ドイツ皇帝ヴィルヘルム二世が一八九五年にとなえた黄禍論が、日露戦争の勝利を契機にアメリカへ飛び火したためである。ヨーロッパの社会では古くから、モンゴル帝国などの東方民族に侵攻された恐怖の歴史が伝承されていたが、ヴィルヘルム二世は黄色人種に対するドイツ人の恐怖心をあおり、日清戦争後の対日干渉に黄禍論を利用した。日本が清国から遼東半島を譲り受け、アジア大陸へ侵入することを許すなら、陸続きのヨーロッパ諸国は日本と清国の黄色人種連合によって攻め込まれる。日本の軍事力をあなどってはならない。こうした日本脅威論をふりまくことによって、英・仏・露による対日干渉を画策するロシアへドイツはすり寄ろうとした。その姿勢を印象づけるため、日本脅威論が使われたのだ。ただし、その裏には、ロシアへの不信感があった。極東進出をねらうロシアがイギリス・フランスと手を組み、清国分割からドイツを排除するのではないか。そうなれば、ドイツはヨーロッパで孤立する。こうした危機感がドイツ側にあった。『黄禍論と日本人』を著した飯倉章が指摘するように、「黄色人種の脅威を説きヨーロッパの団結を訴えることが、（ドイツの）孤立を解消する策として有益」(31)だったのである。

ヴィルヘルム二世は、「ヨーロッパの諸国民よ、汝らの最も神聖な宝を守れ！」と題する寓意画を宮廷画家にえがかせ、ロシア皇帝ニコライ二世へ贈呈するとともに、その複製をヨーロッパ諸国の王室やアメリカ大統領へ配布した。火炎を吐く龍と、その上に乗る仏陀がヨーロッパの広大な平原へ攻め入ろうとする。せまりくる災いに備え、剣を持つキリスト教の女神たちは団結し、毅然として立ちならぶ。この寓意画がその後、さまざまな新聞の政治漫画などへ姿を変え、黄禍論を欧米社会にひろく浸透させることになったのだ。

アメリカのカリフォルニア州では、日本人移民の増加に反発を強める白人の労働組合や政治家たちが、この黄禍論を積極的に利用した。全米に三〇近い新聞社を所有するアイルランド系三世のウィリアム・R・ハーストは、日本人移民攻撃の急先鋒に立った。『ハワイ二世』の著者村山有によると、「新聞王といわれたハーストほど、米国に害毒を流した男はそう多くないだろう。……全米各地のハースト系新聞は、〝ジャップス・マスト・ゴー！（ジャップよ帰れ）〟と、何年となく連日のように書き立てては無知な米人をあおっていた。……かれらは日本人を〝イエロー・ペリル（黄禍）〟と呼んで、米国は黄色の悪魔に食い荒らされるとわめいた」(32)。

こうしたなか、一九〇五年五月にサンフランシスコ市内でアジア人排斥同盟が結成された。その前年、同市で開催されたアメリカ労働総同盟の総会が、排華移民法に日本人と朝鮮人をくわえるよう、同法の修正要求を決議したことが、同盟結成につながったのだ。会員は、日本人や中国人、朝鮮人を職場から追い出そうとする白人たちの労働組合で、六七組織にのぼった（〇八年に二三一組織へ拡大）。

一九〇六年四月一八日のサンフランシスコ大地震の直後、このアジア人排斥同盟が日本人と朝鮮人の小中学生の隔離教育を求め、市の教育委員会へ圧力をかけた。これを受けた委員会は同年一〇月、地震による校舎の倒壊で教室の過密問題が深刻化したことを理由にして、公立学校へ通う小学一年から中学二年までの日本人と朝鮮人学童九三人を、東洋人学校へ転校させるよう命令する。これに対しセオドア・ルーズベルト大統領は、日本人学童隔離命令が日本との外交問題へ発展するのを懸念し、サンフランシスコ市への説得にのりだした。「全市七六校のうち、四五校は地震の被害を受けておらず、全学童二万五千人中わずか九三人の日本人学童を受け入れるぐらい何の支障もない。……問題の根底には人種主義がある」(33)との報告をえていた大統領は、これをたてに同市に圧力をかけ、日本人移民の規制強化を同市側へ密約して、五カ月後に隔離命令を撤回させた。

ところが、この密約が、学童隔離問題決着の見返りとして日本側へはね返ってきた。日米紳士協約の締結である。同協約によって日本政府は、アメリカへ新規の労働移民を送るのを自主的に禁止することに同意させられ、ハワイ経由での本土移民の禁止措置も受け入れた。紳士協約は一九〇八年から実施に移され、〇九～一〇年のハワイ・アメリカ本土への移住者は、それまでの年間一～二万人から二一〇〇～二六〇〇人ほどへ激減する。それでも、協約には、アメリカ居住移民が近親者を呼び寄せる渡航は認めるという抜け道があり、写真の交換だけで日本から妻を呼び寄せる「写真花嫁」や家族の移民が続いた。それにメキシコ経由の移民も増え、一九一二（明治四五）年以降、ハワイ・アメリカ本土への移民はふたたび年一万人前後の水準へ戻ったのである。

一方、排日運動は日本人学童問題の決着で静まるどころか、逆に激しさを増し、日本人移民が白人労働者に襲撃される事件が相次いだ。一九〇七年五月、サンフランシスコ市で起こった日本人街への襲撃事件は、九月にワシントン州のベリンハムやカナダのバンクーバーへ飛び火し、さらに一〇月にはサンフランシスコ市内で反日暴動事件の再発へと続いた。いずれも、日本人の移民増に反発する数千人規模の白人労働者の暴徒が、日本人街の建物や商店を破壊するという事件で、日本の政府と国民に大きな衝撃を与えた。

さらに、カリフォルニア州議会が一九一三年、日本人の土地所有禁止法案を採択し、日本人排斥に拍車をかけた。アメリカの市民権を持たない日本人は、土地の所有権も三年以上の借地権もはく奪される。当時、カ州に居住する日本人は五万人を超えていたが、このうち、農作物の収穫作業に従事する労働者が約二万人、土地を購入あるいは借りて米や野菜を生産する農家は四五〇〇人たらずであった。しかし、日本人が生産する野菜などの品質の良さは都市住民の評判を呼び、生産が伸び続けていた。遅れて入植した中小の白人農家はこの事態に脅威を感じ、州議会議員へ土地法改正の圧力をかけたのだ。

白人農家組織の弁護士は議員に訴えた。「アメリカの伝統的な家族経営農家では、父親が農場で働き、母親は家事をにない、子供は学校へかよう。だが、これでは東洋人の農家と競争にならない。かれらの農場では母親も子供も父親の農作業を手伝い、余暇を楽しむことさえしないのだ」[34]。この程度の議論でも、日本人の移民には勝ち目がなかった。

人種平等条項案を却下したヴェルサイユ講和会議

人種差別に強く反発した日本政府はアメリカ政府に抗議し、適切な対応を求めたが、事態は改善しない。カナダでも一九〇七年にバンクーバーで排日暴動が発生し、翌年から移民制限の紳士協約が実行されたが、排日の動きは弱まらなかった。他方、〇一年にはオーストラリアで、白豪主義の移民制限法が制定され、日本人移民は全面的に禁止されていた。

『日米必戦論』（一九〇九年）がアメリカで出版されたのは、この時期である。海軍戦略家でもあった作家のホーマー・リーは、この著書（原題は「無智の勇気」）のなかで、帝国的野心を強める日本は、アメリカ人の排日運動に反抗して敵意をつのらせ、太平洋の主権を目的に必ずやアメリカを攻撃してくると予測する。日本の海軍力をあなどるアメリカは、日本軍のカリフォルニア州上陸を許し、危機的な状況に陥ると、リーは警告した(35)。強力な常備軍の配備が不可欠だと主張するリーは、アメリカ国内の世論誘導のために日米戦争の危機を叫んだが、こうした議論にまで日本人の移民問題が利用されたのである。

『日米必戦論』は出版直後、密かに翻訳されて日本軍の幹部らに訳文が配布されたが、これに対抗するかのような動きが数年後に日本で起きた。一九一四（大正三）年、一人の海軍中佐が『次の一戦』と題する〝日米戦争仮想記〟を匿名で出版したのだ。この書は関係者の間で大評判になったが、注目すべきは、筆者の海軍中佐（水野広徳）が、アメリカにおける排日の動きに対し、怒りをあらわにしている点である。

「カリフォルニア州の地方における日本人に対する圧迫と凌辱はほとんどその極に達した。裁判官においてすら、市民権なき日本人は法律上、人としての価値を認めず、たとえ電車、自動車でひき殺されても犬猫に対すると同額の損害賠償をなせば足りるとの判決を下すものもある。……はなはだしきは、渡米の日本人婦女に対し、上陸検疫の口実のもとに、文明国人としてほとんど堪えあたわざる侮辱を与えるものもあるという。……（排日土地法案の採択後、）同州知事は、〝これで、（日清・日露の戦争など）戦争好きの野蛮人を追い払うことができた〟と公言せるにいたりては、これ実に日本帝国を侮辱するものである」(36)（一部は現代表記）。

そのうえで海軍中佐は、ちかい将来、日米両国は太平洋地域の覇権をめぐり戦争に突入するが、日本はアメリカの海軍力におよばず敗北すると推論し、その事態を回避するには海軍力の強化が喫緊の課題だと主張したのである。

移民問題が日米戦争の遠因になる。そうした予測が両国の軍内部からひろまり始めた。危機感を強めた日本政府は、アメリカ国内の人種差別を止めさせないかぎり、事態の根本的な改善は望めないと判断し、人種差別の廃止を国際的に訴えるという策に出る。それが、第一次大戦後の講和会議へ提起された、「人種平等条項案」であった。

第一次大戦の戦後処理を協議するため、一九一九年一～六月、パリ郊外のヴェルサイユ宮殿で講和会議が開催された。ドイツの賠償額決定と、アメリカのウィルソン大統領が提唱する国際連盟の設立が重要議題であった。連盟設立を支持した日本の次席全権委員牧野伸顕は、同規約第二一条の「宗教の自由」規定に、次の「人種平等」の一項をくわえるよう提案した。「締盟国は連盟員たるすべての国家の人民に対し、その人種及び国籍の如何に依り法律上、または事実上何らの区別を設くることなく、一切の点において均等公平の待遇を与うべきことを約す」(37)。

しかし、オーストラリアとニュージーランドが日本案に強く反対した。翌年に大統領選挙をひかえたウィルソン大統領が、日本案に反発する米国内の動きを無視して賛成にまわるはずもなかった。人種平等案の採択は困難と予測した日本代表の牧野は、「国家平等の原則と国民の公正な処遇を約す」とする文言を連盟規約の前文に挿入するとの譲歩案を示し、国際連盟委員会の最終会合で採決を求めた。投票の結果、議長のウィルソンをのぞき、フランス・イタリア・ギリシャなどの委員一一人が賛成、アメリカ・イギリスなど五人が反対した。「明らかに賛成多数であったが、ウィルソンが議長の権限を使って提案の不成立に持ち込んだ」。「(修正案には強い反対があり、総会で議論すべき重要案件であるため、)委員会では全会一致が必要である」(38)。これがウィルソン議長の下した裁断であった。

排日移民法に激昂した日本人

一九二四(大正一三)年五月二六日にアメリカ大統領のカルビン・クーリッジが署名した排日移民法(正式名称は一九二四年移民法)が、同年七月一日から施行された。一九〇〇年から二〇年ほどの間にアメリカ大陸へ押し寄せた一三〇〇万人を超える新移民の波が、この背景にあった。これ以上の移民は受け入れない。先に移住して定着した白人の勢力が、この移民法によって、新移民制限のメッセージを世界にむかって発したのだ。新移民の増加はあまりに急激で大規模だった。一九〇五年に一〇五万人、一九一三年には一三八万人の史上最高に達した。その大部分は、多数のユダヤ人をふくむロシア人やポーランド人などの東欧系民族と、イタリア人やギリシャ人などの南欧系民族であった。

さまざまな事情が新移民の波を起こした。ポグロム(破滅)と呼ばれた、帝政ロシアでのユダヤ人迫害(一九〇三〜〇六年)もその一つである。ロシアでは、日露戦争を前後して、社会の混乱と疲弊がいっそう深まり、国民の不満がユダヤ人迫害へふりむけられて数百万人のユダヤ人が逃げ出したのだ。イタリアなどの南欧諸国では、アメリカなどから安い穀物の輸入が増えて農業不況がひろがり、新大陸での活路を求める貧農が急増したのである。

一方、新移民の急増はアメリカの労働市場を不安にした。失業率は一九〇〇〜〇九年の二〜五％から一〇〜一五年の五〜八％へ上昇する。失業者が街にあふれ、貧民街が膨張して治安を悪化させた。こうしたなか、一定の生活水準をすでに勝ちとっていたイギリス・ドイツ・アイルランド系の旧移民、とりわけアイルランド系アメリカ人の主導する労働組合が、移民規制の法的措置を実現するよう、議員たちへ圧力を強めたのだ。

一九二四年移民法の制定過程を詳述するアメリカの高校教科書『アメリカ歴史の野外劇』は、「移民の洪水を止める」と題する節を設け、当時の状況を二つの側面から解説する(39)。そこでは、日本人移民を狙い撃ちにした有色人種の締め出しという側面だけでなく、増える新移民と、これをはばもうとする旧移民との対立にも光を当てる。法制定の三年前、二一年の緊急移民割当法（三年間の時限立法）から教科書は説き起こす。「一九一〇年の時点における出身国別の人口の三％以内に、ヨーロッパ各国からの移民受け入れ人数が制限されることとなった。出身国別の人口を基礎とする仕組みは、南欧および東欧からの移民には比較的有利であった。なぜなら、一九一〇年までに、これら地域から膨大な数の移民がすでに到着していたからである」。ところが、一九二四移民法では、受け入れ可能な移民の枠が国内人口の三％から二％へ削減され、基準とする出身国別の人口も、一九一〇年から一八九〇年の人口統計によると変更された。教科書の解説は次のように続く。

「一八九〇年の時点では、南欧や東欧からの移民はまだ相対的に少なかった。そのため、（新たな移民法では）たとえば、イギリスと北アイルランドからは年間六万五七二一人の移民受け入れが可能だったが、イタリアは五八〇二人しか送れない。これに対し、南ヨーロッパ人たちは不公正で差別的な仕掛けだと反発し、〝目の青い金髪の北ヨーロッパ人の方がより良い血統だ〟と主張する旧移民たちを、激しく非難した。北ヨーロッパ出身の旧移民が大部分を占める、出身国別の人口構成をそのまま凍結する。それがこの移民法の目的であったのは明らかだ」。

ちなみに、一九二一年法は、西欧・北欧諸国と南欧・東欧諸国へそれぞれ一九万八〇八二人と一五万八三六七人の移民枠を与えたが、二四年法は一四万九九九人と二万一八四七人であった。もし、日本へ移民枠が与えられていたなら、年間一八五人にすぎなかった。

この日本人の移民問題について、教科書はこう記述する。「移民法には目にあまるほどの人種差別的な条項があり、それが日本からの移民流入を完全に閉ざすことになった。日本では大規模な〝嫌米デモ〟が起こり、超愛国主義の一人の日本人が屈辱への怒りを示すため、東京のアメリカ大使館近くで自殺した」。新移民法は名指しこそしなかったものの、日本人などの非白人を「帰化不能外国人」と定め、同法の実施前に居住していたものの再入国以外、渡米を禁止した（外交官や留学生、出張者などは対象外）。一九二四年七月一日の移民法施行をもって、日本人の新移民はアメリカから完全に締め出されたのである。

日本の新聞は、アメリカ議会における移民法案審議を詳しく報道し、特に「帰化不能外国人」の入国禁止条項を排日条項ととらえて反発を強めていた。そのため、法制定が確実になると、日本人の間にひろまっていたそれまでの親米感情は一気に消え、反米、嫌米へ転じた。一九二四年四月一七日アメリカ議会上院が、「帰化不能外国人」の入国禁止条項を移民法案へ挿入することを七一対四の圧倒的多数で可決すると、同月二一日、國民新聞や朝日新聞など一五の有力新聞社は、同法案を「不正不義」の排日移民法案と非難する、共同宣言を掲載する。國民新聞を主宰し、当時の著名な評論家の一人であった徳富蘇峰は、移民法施行の七月一日を「国辱の日」にせよと訴えた。

キリスト教思想家の内村鑑三は、日記にこう書いている。「五月二十七日（火）晴　米国大統領クーリッジ、ついに排日法案に署名す。憤激に堪えず。これで七十年間継続せし日米の友好的関係は切れたのである。実に世界歴史上の大事件である」。「七月一日（火）晴　国辱記念日である。市内は排米熱に燃えて居る。事件はますます重大になりつつある。憂慮に堪えない」(40)。

一方、財界の大御所、渋沢栄一も排日移民法に強く失望する。第一国立銀行をはじめ、数々の銀行や企業の創設にかかわり、日本資本主義の父といわれた渋沢は、法制定の動きに早くから危機感をいだいていた。アメリカの新聞社へ情報を送る通信社を設立し、同国の世論対策に乗り出すとともに、汎太平洋倶楽部を組織して両国財界人の相互理解を促進する。自ら努力を重ねてきただけに、渋沢の失望は激しかった。「帰化不能外国人」の条項をアメリカ議会上院が可決した四月一七日、帝国ホテルで開催された汎太平洋協会の午餐会《ごさんかい》で、かれは次のように不満をあらわにする（一部は現代表記）。

「永い間アメリカとの関係を継続して骨を折っていた甲斐もないと、あまりに馬鹿らしく思われ、社会が嫌になるくらいになって、神も仏もないのかというような愚痴さえだしたくなるのであります。……上院までも大多数で通過したということを聞いたときには、（日本人は江戸末期、いまから）七十年前にアメリカ排斥をしたが、当時の考えを思い続けていた方が良かったというような考えを起こさざるをえないのであります」。

出席者一三〇人の四分の一を在京外国人が占めていたが、かれらにむかって渋沢は、「国民の声として傾聴してほしい」と演壇をたたき、法制定の阻止を訴えたと伝えられる(41)。

排日移民法は日本にとって国家の重大事となった。二〇一五年九月発刊の『昭和天皇実録』からも、そのことを伺い知ることができる。一九二一（大正一〇）年、大正天皇の病状悪化のため二〇歳の年齢で摂政の地位についた皇太子裕仁親王（後の昭和天皇）に対し、二四年五月末から七月初めまでの二カ月あまりの間に、外務大臣らがたて続けに三度も同法制定について報告した。

『昭和天皇実録第四』によると、五月二八日、外務大臣松井慶四郎から、「先般、米国において成立した『新アメリカ移民法』は日本人の移民を事実上禁止するものであるとして、その差別的条項に対する抗議の持続を閣議決定した旨の奏上をうけられる」。六月一九日には、同月一一日に外務大臣に就任した幣原喜重郎から、同法に対する日本政府の抗議公文にアメリカのヒューズ国務長官が六月一六日に回答文を寄せてきた旨が報告された。さらに、七月一日の午後零時半頃、在日米国大使館の敷地内に男が侵入し、アメリカ国旗を引き下ろして逃亡する事件が発生したが、同日午後七時には内務大臣若槻礼次郎が摂政へこの事件をただちに報告した。

『実録』には、次のような奏上が記されている。「この日（七月一日）米国において『新アメリカ移民法』が施行されるため、日本国内では東京芝増上寺において約一万人が集まり対米国民大会が開催されるなど、対米感情が著しく悪化しており、かかる事件の発生に対し内務大臣は各知事等へ充分な取締りを訓令し、外務大臣は四時過ぎに米国代理大使と会見し、遺憾の意を表明した。二日には犯人が逮捕される」(42)。

この時期の日本では、関東大震災（一九二三年九月一日）や台風などの自然災害が続き、経済不況が慢性化するなか、八方ふさがりの状況に人びとは閉塞感を強めていた。このため、排日移民法の制定を知らされた多くの日本人は、国の将来にいっそうの危機感をつのらせたに違いない。このような国内情勢を十分に承知していた皇太子は、移民法の制定に強い関心と不安をいだいていたものと推測される。

驕《おご》り高ぶった一等国意識が反米感情へ

アメリカの移民法制定の動きを冷静に見つめる指導者もいた。石橋湛山である。石橋は一九五六（昭和三一）年一二月、首相に就任した直後に病のため二カ月あまりで退任した、戦後の著名な政治家であるが、当時は東洋経済新報社の主幹として活躍していた。移民法制定に奔走するアメリカの上院議員たちの動きを、石橋は不遜な態度だと非難する。

一九二四年四月一〇日、埴原正直駐米大使はチャールズ・ヒューズ国務長官に書簡を送り、排日移民法案の議会審議に対する日本政府の懸念を伝えた。このなかで埴原大使は、帰化不能外国人の入国禁止条項をふくむ法案が議会を通過するなら、両国間の幸福にして相互に有利なる関係に「重大なる結果」を誘致しかねないと述べた。この書簡が議員たちへ公表されると、アメリカの新聞が「重大なる結果」とは戦争を意味する外交用語だと騒ぎたて、上院外交委員長のロッジ議員（与党共和党院内総務）は埴原大使の書簡をやり玉にあげる。「重大なる結果」とは、「友邦国にあてたものとしては不穏当」であり、このような「外国の〝覆面の威嚇（恫喝）〟によって立法を左右されるべきではない」(43)と、ロッジ議員は日本側を強く非難した。この発言によって、それまで態度を保留していた多くの上院議員が、雪崩をうつごとく移民法案の賛成へ回ったのである。

　こうした上院の動きに石橋は、「刎頸《ふんけい》の交《まじわり》を、不図《ふと》した使者の口上を気に障《さ》えて、理由もたださず断つという調子である。……心の傲《おご》れる者でなければ取らざる態度である」と述べ、「国の強大なるに心傲り、自ら省《かえりみ》ることを忘れた結果と評するほかはない」と批判した。

　同時に石橋は、日米紳士協約の継続によって日本人だけに移民の特別待遇を確保したいとする日本政府の主張も、利己的だと指摘した。「四隣の同胞は皆、米国から排斥せられつつあるに、日本のみ、それも、やっと紳士協約で、かすかな面目を維持したところが何になろう。それを大層もなき事のように騒ぐは、たとえば、弟妹は土下座の憂き目を見ているのに、自分だけようやく縁に上るを許され、〝正当の尊敬及び考慮〟を受けたりと得意がるに等しい。……支那人がどうあっても、朝鮮人がどうあっても、日本人さえ、白人の間に同等の待遇を受ければ満足なりとする心は利己的であり、卑屈である」(44)。石橋はこのように述べ、アジア諸国との連携強化こそ必要なのだと訴えた。

　しかし、政府はこうした批判に耳を貸せるような状況になかった。日本は当時、アメリカの排日移民法を非難する一方で、中国人労働者の入国を厳しく制限していたからだ。第一次大戦の軍需景気で労働者が不足するなか、一九一八（大正七）年頃から多数の朝鮮人の移住者と中国人の出稼ぎ労働者を受け入れ始めた。ところが、戦後に経済が不況へ転じ、国内の失業問題が深刻化すると、日本人より三割も四割も安い賃金で働く中国人労働者の入国を、政府は厳しく制限する。二二（大正一一）年には、中国人の入国禁止処分者が四〇三人におよんだ。さらに同年以降、東京や大阪では、内地労働者の保護を理由に中国人労働者の退去命令が発せられ、一〇〇〇人規模の強制送還がたびたび断行される。実際、二三年八～一一月に、在留中国人労働者の数は七三四九人から四七四六人へ急減したのだ。

内務省が中国人排斥を強力に推進した。一方、外務省は、移民送出と移民受入制限の相矛盾するダブルスタンダード（二重規範）の政策が、アメリカ議会の排日移民法の審議に悪影響をおよぼすことを懸念する。日本の中国人排斥がアメリカの新聞に報道され、批判されていたからだ(45)。

『米国は不遜日本は卑屈』のなかで石橋湛山は、「友を亜細亜に求めよ」と訴えた。しかし、明治以来、「脱亜入欧」を追求し、アジア人に対する蔑視の傾向を強めてきた日本は、自らの移民外交の二重規範性を正すことができなかった。石橋が懸念したのは、日本人の利己的で卑屈な姿勢だけではない。排日移民法の制定が、国内における軍備拡張論の勃興をもたらしかねない。「討てや懲《こら》せや米国を」。こうした思想宣伝をおこなうものが出現してくる。「目先きの事態に憤慨する者の心には、（このような思想が）最も入り易い」と、石橋は恐れた。武力だけでは戦争に勝てない。強大なる財力こそが不可欠なのだ。もしアメリカを討ち懲してやりたいと思うなら、その財力を養うために日本は軍備を拡張するのではなく、大幅にこれを縮小しなければならない。「我が国民が丸腰になって産業に努力し、東洋の諸国民と手を携えて文明の発達を図るならば、今日我が国民の不満とする所は、戦争に訴うるに及ばずして解決するであろう」(46)。石橋はこのように主張し、移民法制定を契機とする軍部の台頭に強い警告を発したのである。

一九二九年七月、外務大臣に再任された幣原喜重郎は、「歓迎されざる地域に移民を送り出すのは不得策」との方針を表明し、移住国との共存共栄を基本とする、経済外交としての移民政策をめざそうとした。これは、アメリカやイギリスとの協調をすすめる幣原外交の一部をなすものであったが、軍部からは軟弱、弱腰との批判をあび、その後日本は、石橋湛山が恐れた方向へ突きすすんでいく。『国辱』の著者吉田忠雄が述べるように、「(排日移民法によって)日本人は屈辱を与えられたと信じた。……多くの日本人の心奥には、この屈辱をそそごうとする復讐の炎が燃えた。……日米間は引き裂かれ、悲劇が始まった」(47)。大陸強硬策を主張する軍部の発言力がいっそう強まるなか、国際協調路線を軸にした幣原外交は、満州事変勃発後の三一年一二月に幕を閉じることになったのである。

当時の日本人の間には、一等国の優越感が満ちていた。アメリカ移民法の「帰化不能外国人」入国禁止条項によって、この優越感が踏みにじられる。その屈辱感が、中国人や朝鮮人と同様に扱われたことへの怒りとあいまって増幅し、「国辱」にまで高まってしまった。

一等国意識が国民の間にひろがり出したのは、日露戦争で大国ロシアを破ってからであり、頂点におよぶのは第一次大戦の直後であった。パリ講和会議で戦勝国の日本は、初めて五大国の扱いを受ける。その後に設立された国際連盟には、英・仏・伊とともに常任理事国として、その運営に参画した。それに、『武士道』(一九〇〇年)の著者として国際的に知られ、東京女子大学初代学長に就任していた新渡戸稲造が、国際連盟本部の事務次長(一九二〇~二六年)へ就任するという、国民的な慶事が続いた。日本は、明治維新からの半世紀あまりの間に、世界の一等国へ一気に上りつめたのである。

しかし、真の一等国となるには内実が伴わなかった。一九二八(昭和三)年の『文藝春秋』新年号で、東郷實(衆議院議員)は次のように訴えた。「最近数十年の間、絶えず西洋の文物を輸入した日本の新文化、一も西洋、二も西洋、西洋模倣に終始一貫したのが、明治大正を通じての日本の歩み方であった。そこに形ばかりの一等國が立派に出来上がった。……国土は狭い、人口は多い。職業がない、食糧が足らぬ。これが一等國日本の實状である。吾々は日本の行末を静かに考え、真面目に慮《おもんぱか》ってみなければならない」(48)。

それでも、日本人の一等国意識は、アジア諸国民に対する驕りの気持ちを醸成しながら、さらに強まっていく。移民法制定で三等国人に扱われ、国民全体が侮辱されたと、一般の市民をふくめ多くの日本人はヒステリックにいきまいた。しかし、そこには、海外へ出稼ぎに行く貧農や貧民のことなどに、もともと少しの関心もなかった、中産階級以上の多くの日本人が新聞記事にあおられ、過剰に反応した姿しかなかった。家族を呼び寄せることもできず、途方にくれる在米日本人の苦悩に光を当てようとする知識人はいなかった。差別との闘いに敗れた移民たちへ、支援の手をさしのべようとする動きも生じない。当時の日本人は、移民たちの無念さに思いを寄せることもなく、移民法を「国辱」と受け止め、「臥薪嘗胆《がしんしょうたん》」の合言葉にあおられて、反米愛国の世論を固めていったのである。

「錦衣帰郷《きんいききょう》」の夢を断たれた日本人移民たち

一方、ハワイやカリフォルニアへ渡った日本人たちは、移民法制定の動きを、手をこまねいたまま傍観していたわけではない。移民たちは、日本人会の組織を通じてアメリカ議会へ働きかけるとともに、なんとかしてアメリカ人から排斥されないよう、自らも努力を重ねていた。かれらは、「ミソ、しょうゆ、つけものは米人にいやがられるから、日本食はやめて洋食にしようとか、日本語も話すなど、真剣に米化運動をやった」。

「日米親善実行方法」や「米化心得書」が、移民たちに配布もされた。村山有の『ハワイ二世』によると、移民たちは、「日曜日は安息日とする、住宅を清潔にし、周囲に古缶や古紙を棄てない、常に頭髪やひげの手入れをする、婦人は厚化粧をしない、下着で外出しない、電車内では高声で話さない、他人の談話中に断りなくその一方の人に話さない、ネクタイを必ずつける」など、米化のために涙ぐましい努力を重ねた。それでも排日は弱まらない。「日本人は長時間低賃金で働き、白人労働者を圧迫する、日本に送金するばかりで米国の経済に貢献しない、愛国心が強く、自国の風俗習慣を改めない」、「相変わらずジャップはジャップだ」と、白人たちは日本人をさげすんで排斥を続けた。

これに対し日本人の移民社会は、「賭博所や女郎屋街に行かない、街路を歩くときは姿勢をよくし、高声で話したり笑い興ずるような振舞いはしない、大勢で人ごみをうろつかない、酒に酔って路を歩き醜態をみせない、旅館や料理店は午後十一時で戸を閉め、夜遅く歌ったり三味線などの鳴り物で近所の邪魔をしない、白人の仕事をとるような職業につかない」などの注意書きを回付し、互いに自粛を申し合わせた(49)。

しかし、移民法制定によってかれらの努力はすべて水泡に帰し、移民たちは日本へ帰るか、アメリカに住み続けるかの選択をせまられた。かれらはどちらの選択をしたのか。同法制定前の一九二〇（大正九）年と、同法制定六年後の三〇（昭和五）年におけるカリフォルニア州の日本人の人口を比べると、四万五四一四人から五万六四四〇人へ増えており、法律の施行で帰国を選択したものは限られていたと推測できる(50)。ただし、残留した移民たちも永住を決断したわけではない。しばらくとどまって貯金を増やし、それから日本へ帰ろう。それが多くの移民たちの共通した思いであった。

一九二五年九月、在米日本人会や南カ州中央日本人会などとカナダ日本人会が、合同会議で移民法制定後の対応方針を決定した。「沿岸協議会宣言文」として決めた主な方針は、①虚礼を廃止し、倹約貯蓄を旨として生活を改善する、②各種事業の振興と労働条件の改善を期する、③時代の推移に適応するため第二世の教育指導に努める、などであった(51)。移民法制定後にあっても、「倹約貯蓄」が第一の対応策とされたのだ。そこには、「錦衣帰郷」の夢をすてきれず、永住の決断には容易にふみきれない移民たちの苦悩があった。

ところが、移民法が制定された一九二四年から一七年後の四一年一二月八日、日本軍の真珠湾奇襲攻撃で太平洋戦争が勃発し、移民たちは「錦衣帰郷」の夢を突然やぶられ、帰国することさえ不可能となった。明治の初期から続いたハワイやアメリカ西海岸州などへの日本人移民は、日米開戦をもって、棄民されてしまったのである。

ブラジルでの排日運動を秘密にした日本の政府

棄てられたのはアメリカへの移民だけではない。アメリカがだめなら次はブラジルへと、国策として推進されたブラジル、ペルーなどへの南米移民も同じような途を歩むことになった。ブラジル移民の歴史は、一九〇八(明治四一)年の第一回笠戸丸移民(七八一人)に始まる。同国政府が一八八八(明治二一)年に奴隷制度を廃止し、その穴埋めとして日本からの移民労働者を求めたのが起源であった。その後、第一次大戦の開戦で、ブラジルへ渡るヨーロッパからの出稼ぎ労働者が激減し、日本人移民への期待がさらに高まった。一九二四(大正一三)年には、ブラジルへの渡航費全額補助が実施され、この年からブラジル移民は年間一~二万人にまで増えた。

ブラジルの地で「無限の沃土」を開拓し、大農場主になって郷土へ錦を飾る。美辞甘言に満ちた政府の移民募集で、貧しい農民たちの夢はふくらんだが、現地の実情はかれらに知らされない。一九二九年、アメリカ発の大恐慌によって、世界市場の八〇％を占めるブラジル・コーヒーのバブルははじけてしまった。コーヒー価格は七〇％も暴落する。農場経営者たちは何百万本ものコーヒーの木を焼き、過剰在庫を処分したが、すべてが焼け石に水となった。

バブル崩壊のことなどつゆ知らず、ブラジル・サントス港へ上陸した移民たちは、先に移住した日本人から、「もはやブラジルでは食えない、しかし、日本へ帰ろうにも金がなくて帰れない」、といった話を、初めて聞かされる。「（コーヒー市場が崩壊し、労賃は大幅に下落したにもかかわらず、）移民会社は移民を募集し、外務省は旅券を発行した」(52)のだ。

一八九七（明治三〇）年、リオデジャネイロ州ペトロポリスに開設した日本公使館は、ブラジル経済の悪化も、排日の動きのひろまりも、十分承知していたはずだ。一九二三年には白人労働組合の要求を受けて、議会は黄色人種制限法案の審議を開始するという動きが起こり、さらに地元新聞は、アメリカ移民法で行き場を失う日本人の移民がブラジルへ殺到するとのデマを流して、排日気運をあおっていたのだ。

一九二四（大正一三）年一〜六月に東京で開かれた官民合同の経済審議会（帝国経済会議）は、ブラジル移民の国策化を検討したが、そこにも現地の情報は伝えられていた。「ブラジルでの排日傾向を軽視するな」、「ブラジルも第二の米国となり、日本移民の安全な場所ではなくなる」など、ブラジル出張からの帰国者が報告したのだ。しかし、審議会の最終答申はブラジル移民強化策を訴え、現地の排日の動きは非公表とした。「対外関係への影響への懸念」がその理由であった(53)。民衆ではなく、帝国経済の利益が優先されたのだ。

ところが、現地の事態は「非公表」のとおりになっていく。一九三四年ブラジルは、過去五〇年間にブラジルへ移住し、定着した各国移民人口の二%(二分)に新移民の受け入れ枠を制限する、「移民二分制限法」を制定した。これによって日本人の新規移民は困難となった。ペルーでも一九三六年、あらゆる職場に「ペルー人従業員八〇%雇用」を強制する法律が実施される。「狙いは、主として日本人移民の制限と経済活動の規制であった」(54)。

国民が知りたいこと、しかし権力者側にとって都合の悪いことは、国民に知らされない。ブラジルでもペルーでも、何も知らない日本人の移民は、現地政府が移民の制限措置を導入する直前まで増え続けた。これが政府による棄民の実態だったのである。

6　アメリカ・ブラジルからも締め出されて満州開拓へ

一九二四年の移民法を制定したアメリカにくわえ、カナダ、オーストラリアからも日本人の移民は締め出され、三〇年代に入ると、新たな移民先として期待が高まったブラジルでも、排日の動きがひろがり始めた。しかし、移民送出の国策を止めようという議論は出てこない。日本の経済も二九年からの世界恐慌に巻き込まれ、都市でも農村でも多くの貧民が困窮のどん底にあえいでいた。閉塞感が強まるなか、移民送出に活路を見出そうとする流れは、勢いをさらに増してくる。

武装移民の送出を主導した関東軍

移民送出に新たな勢いをつけたのは、関東軍であった。南米諸国などへ移民先を分散するのはもはや困難となり、残された送り先は満州しかないとして、満州移民の促進を関東軍は強く主張した。一九三一年九月に満州事変が起こった直後の動きである。

関東軍の「関東」とは、満州（現在の中国東北部）の別称であったが、関東軍創設の時点（一九一九年）では、遼東半島の先端にある関東州と南満州鉄道（満鉄）の附属地を合わせた、中国からの租借地を意味した。つまり、日露戦争の結果、ロシアから割譲した租借地と満鉄、および満鉄の石炭採掘権などの利権を保護するため、陸軍が派遣した植民地軍が関東軍の起源である。当初は一万人ほどの兵力だったが、年々増強がはかられた。辛亥革命《しんがい》（一九一一年）以降、中国内部で何度も起こった内戦への対応が、増強の理由となった。満鉄は単なる鉄道会社ではない。満州の石炭や鉄鋼石などの採掘権にくわえ、水運・電気・倉庫・穀物輸出などの権益を有していた。この権益こそ日本の生命線であるとして、関東軍は満州における独裁的な権限を強めていったのである。

こうしたなか、満州事変を引き起こした関東軍の石原莞爾参謀らは、事変の直後から、満州全体の支配、すなわち満州領有論を主張し、政府にその決断をせまった。しかし、アメリカなどの介入を恐れた政府と陸軍中央は、石原らの独走を認めない。その妥協の産物として傀儡政権の満州国が建設されるが、これを契機に関東軍は、満州移民構想の実現へ力点を移していった。満州国は「五族協和」をスローガンにかかげはしたが、その人口三〇〇〇万人のうち、日本人は二〇万人たらずで、支配者としての日本人が少なすぎる。石原らの移民構想の裏側には、満州全域の領土化の前に日本人の居留民を増やすのが先だ、という思惑があったのだ。

一九三二年一月、満州国建国のために開かれた、「満蒙に於ける法制及び経済政策諮問会議」で関東軍は、満州国の治安を維持し、対ソ戦略に備えるためには在満日本人を増やす必要があるとして、移民の必要性を強調した（蒙は内蒙古、現在の中国内モンゴル自治区）。日本の国土の四倍もある満州で、関東軍の支配は点と線にすぎなかった。日本人の集団定住者を増やし、かれらに満州支配の一端をになわせる。満州支配にはそれが不可欠だと、石原らは確信していた。

関東軍の移民構想を政府部内から強力に支持し、同軍との連携を強めたのが拓務省である。関東軍の構想をふまえ、満州移民計画大綱を策定した拓務省は一九三二年三月、満州移民の国策化を閣議決定へ持ち込んだ。「我が大和民族を満州へ多数移住させ、農士の開発・満州産業の開発・国防の充実をはかるとともに、我が農村漁村の更生、食糧の増産等にも寄与する」(55)。拓務省は「国防の充実」を移民送出の目的として明示した。まさに、関東軍の代理役を果たしたのである。

拓務省には関東軍へすり寄る事情があった。同省の廃止問題である。一九二九年、ブラジル移民事業の拡大等のために内務省拓務局から拓務省へ昇格したものの、その後の移民事業は伸びず、満州事変の直前、世界恐慌後の財政悪化を理由に拓務省の廃止が決定した。ところが、満州事変を契機に拓務省は関東軍と結託し、同軍の満州移民構想の推進役をになうことによって、同省廃止の決定をくつがえしたのである。

二・二六事件直後に「百万戸開拓民送出計画」へ

一九三二年一〇月三日、「拓務省第一次武装移民団」が北満三江省へむけ東京駅を出発した。満州移民計画大綱の決定から半年もたたないうちに、最初の移民団を送出する。関東軍は計画の早期実施を求めていたのだ。同年九月までの一カ月ほどの間に、団員は東北・北関東など一一県で募集され、四二三人の在郷軍人が大急ぎで選抜された。満州北部にある入植地の佳木斯《チャムス》は、札幌市より四〇〇キロちかく北の北緯四七度線上にあり、真冬の気温が零下四〇度にも下がる寒冷地のため、東北地方の在郷軍人を中心に移民は選ばれた。その後、武装移民団は試験移民の名のもとに一九三五年の第四次まで続き、一七八五人が満州北部、満鉄沿線の農村へ入植した。

移民には二〇町歩の耕地と放牧地を与え、役畜を使った大農場経営を成功させて日本人の移民村を建設する。試験移民を移民村建設の先遣隊と位置付け、その後に大規模な移民の送出を本格化していく。これが関東軍の計画であった。しかし、計画通りにはすすまない。移民村は、反発する満州農民らの反日農民軍にしばしば襲撃された。満州の農民たちは、かれらの農地を安値で強制的に買収した関東軍と日本人の移民に対し、根深い恨みを抱いていた。荒れ地は通常の売買価格の二分の一から六分の一で、耕地は三分の一から六分の一以下で買いたたかれた。かれらはそれを関東軍による強奪と受けとめたのだ。

試験移民の四年間で戦死・病死者が五八人も出るなど、治安が悪化した。これに耐えられずに退団する農民が四〇四人に達し、「屯墾病」と呼ばれる精神病もひろがった。農業生産も困難をきわめた。入植四年目の一九三五年の段階で、開拓団が耕作できた農地は約二〇〇〇町歩、一農家当たり二町歩にすぎない。気象と土地条件の違う満州北部では、日本の営農技術が通用しなかったのだ。

それでも関東軍は、一九三四年一一月、満州国の首都新京で開かれた第一回移民会議で試験移民の「成果」を強調し、大規模移民の本格実施を画策した。しかし、財政的な制約から大規模な移民送出は決まらず、一〇〇〇戸規模の第五次送出計画（一九三六年度）を確認するにとどまった。膨大な支出増を伴う計画の拡大に、大蔵省が消極姿勢をつらぬいたからだ。赤字国債を減らすため、軍事費まで削減しようとした高橋是清大蔵大臣は、満州移民の本格実施が財政圧迫につながるのを懸念し、関東軍の策動を認めなかったのである。

ところが、一九三六年の二・二六事件で事態が急変する。天皇親政のもとで陸軍主導の国家改造をめざす皇道派の青年将校らによって、高橋大臣は暗殺された。四日間にわたって東京市民を震撼させ、日本の政治を大混乱に陥らせたクーデター事件は鎮圧され、皇道派は粛清された。しかし、これを排除した陸軍幹部が発言力を強めることになる。事件収束後の三月九日に発足した広田弘毅内閣は、武力クーデター再発の恐怖のなか、軍部大臣の現役武官制を復活させ、軍備増強と準戦時体制を構築するなど、国家運営の大転換を余儀なくされた。軍国主義国家体制への先鞭がこの内閣によってつけられたのである。

広田内閣は満州移民の重大決定をおこなった。内閣発足から二カ月あまりたった一九三六（昭和一一）年五月一一日、関東軍は第二回移民会議を開催し、「満州農業移民百万戸移住計画案」を発表した。関東軍案をもとに拓務省が「二十箇年百万戸開拓民送出計画」を策定し、八月二五日の閣議がこの実施を決定した。一〇〇万戸、一戸平均家族数を五人とする、五〇〇万人の満州移民計画が、たった三カ月ほどの間に即断されたのだ。

計画の骨格は、①五〇〇万人の移民を昭和一二年からの二〇年間に満州へ送り出す、②国内農家戸数五六〇万戸の約三割五分を占める、五反歩（約〇・五ヘクタール）未満農家の約半数（一〇〇万戸）を移住させる、③送出の規模は第一期（昭和一二〜一六年度）一〇万戸、第二期二〇万戸、第三期三〇万戸、最終の第四期（昭和二七〜三一年度）は四〇万戸とする、④渡航費、農具、家屋および土地購入等のために、移民一戸当たり一〇〇〇円以内の補助金を支給する、⑤満州国政府が移民用地として一〇〇〇万町歩以上を整備し、満州拓殖公社が移民への低利資金を融資する、というものであった(56)。

多くの農民は移民計画に強い関心を示した。分譲農地は試験移民の一戸二〇町歩から一〇町歩へ縮小したが、土地代金の支払いは五カ年据え置き、年利三分・二五年償還の好条件で、一戸一〇〇〇円の補助金は大金である。東京府の小学校教員の初任給が四五〜五五円の時代、一〇〇〇円は、小規模農家の総所得の五〜六年分に相当するほどの額であった。

新聞・ラジオをはじめ、農村での映画上映も使った政府の広報活動が功を奏し、「百万戸計画」に対する農民の期待感は全国各地で急速に高まった。同計画の前段と位置付けられた第五次開拓団（一九三六年度）は、広田内閣のもとで当初計画の一〇〇〇戸から一六九〇戸の実行計画に増員され、応募者は三〇〇〇人を超える。順調な滑り出しとなった。

ところが、「百万戸計画」が一九三七年度に開始されると、その初年度から計画目標は未達となる。前年第一期一年目（第六次開拓団）は実行計画の四六九〇戸に対し、三七四一戸しか集まらなかった。前年の第五次募集の勢いがなぜ急にしぼんだのか。その最大の理由は、日中戦争の勃発にあった。同年七月七日の盧溝橋事件をきっかけに、日中両国は全面戦争へ突入した。国内の軍需産業は急拡大し、経済は一変する。米価は上昇し、農村は農業恐慌から脱出した。農家の次三男は軍需工場に職を見つけ、戦略物資の米の需要は増大する。戦争景気のさらなる拡大が見込まれるなか、中小農家にとって満州移民の魅力が急激に色あせていったのだ。それに、農家の長男や戸主も兵役や軍需工場の徴用にとられ、満州移民の送出どころか、労働力の不足が深刻化してくる。これでは、第一期の一〇万戸送出など望むべくもない。拓務省は、二年目の三八年度(第七次募集)から当初計画の年間一万戸を六〇〇〇戸に下方修正した。しかし、それでも実績は四六八九戸にとどまった。

関東軍と拓務省の幹部たちは、開拓民送出の初年度計画の未達に危機感を強めた。計画は二年目から軌道修正したものの、応募者増を期待できるような状況ではなくなった。一方、日中戦争は泥沼化し、満州各地で抗日ゲリラの攻撃が強まってくる。これをはね返し、満州鉄道を守るためには、日本人の移民村を増やし、人間トーチカ(防塁)の配備を急がねばならない。関東軍は、開拓民の減少をなんとしても食い止めなければならなかった。

7 「百万戸計画」の次は「青少年義勇軍」へ

拓務省は、農林省の「農村経済更生運動」を利用して、「分村移民計画」を打ち立てた。耕地面積に比して農家戸数の多い市町村には、小作農など農家の二〜三割を満州へ集団移住させる。これに応じない自治体には、農村更生の補助金を打ち切る。なかば強制的な分村移民が一九四〇年度から推進された。貧農たちを家族ごと送り出せば、残った農家は土地を増やせる。補助金打ち切りを恐れた市町村の役職員たちは、移民の勧誘に必死となった。だが、それでも、四〇年度と四一年度は九〇九二戸（実行計画の四七・六％）、一万七七八〇戸（同五八・二％）と、計画の未達は続いた。

年端《としは》もいかない少年を満蒙開拓義勇軍へ

他方、「百万戸計画」が初年度からつまずき、二年目以降、開拓民の送出がさらに困難になるのを予想した関東軍と拓務省は、別の計画の検討に着手していた。満蒙開拓青少年義勇軍の派遣である。「百万戸計画」の未達部分を、満一五歳から一八歳までの農家の子弟で穴埋めする。一九三八年度から四一年度まで毎年三万人、計一二万人を送り出す。膨大な数の青少年送出計画が、三七年一一月三〇日の閣議で決定された。「百万戸計画」の閣議決定から一年三カ月後のことである。

この決定によって、一九四五年までの八年間に約一〇万人の青少年が、義勇兵などとして満州各地へ送られた。義勇兵は尋常高等小学校卒、現在の中学二年終了生で、年齢は満一四〜一五歳である。当時の一四歳男子は平均身長一五一・八センチ、体重四三・七キロと、現在の中学一年生の体格にもおよばない。年端もいかない子供を親から引き離し、毎年三万人も満州の荒野へ入植させて開拓と銃後の戦いをになわせる。こんな計画がいとも簡単に作られ、実行に移されてしまった。誰かが止めに入るどころか、新聞も市民も歓喜の声をあげ、日の丸の旗をふってかれらを送り出したのだ。

青少年義勇軍の募集は一九三八年一月から開始された。初年度の募集は五回にわけて実施され、応募者は三万二七八二人を数えた。書類審査で合格し、茨城県水戸市郊外の内原訓練所へ入所したものは二万四三六五人にしぼられたが、応募者は目標の三万人を超えた（**写真2**参照）。当時の少年たちをめぐる状況について、『ああ満蒙開拓青少年義勇軍』の著者森本繁は、「海外移住熱・満州開拓熱が澎湃《ほうはい》として青少年たちの間に沸き起こり、当時の行き詰まった農村社会の沈滞を一挙に吹き飛ばすべく、少年たちはひそかに大陸雄飛を夢みたのであった」(57)と分析

写真２　内原郷土史義勇軍史料館（茨城県水戸市内原町）の近くに立つ、内原訓練所の宿舎（日輪兵舎）を復元した「復元日輪舎」。モンゴル民族の移動式家屋（ゲル）をヒントに設計された日輪兵舎の総数は、終戦間際に約350棟（一棟二階建て300人収容）に達していた（2015年筆者撮影）。

する。

内原訓練所で少年たちは二カ月間の訓練を受け、満州へ渡った。そこで五カ所の大訓練所（六〇〇〇人から一万二〇〇〇人収容）に分散し、一年間、開拓の基本訓練を受ける。さらに、満州各地に作られた二〇〇人から五〇〇人を収容する八〇カ所あまりの小訓練所へ配属され、開拓の実務訓練を二年間受けて日本人の開拓村へ入植する。これが義勇軍入隊から開拓地へ入植するまでの流れであった。

ところが、二年目から応募者が減り始めた。政府が決めた義勇軍の送出人数は、県を通じて高等小学校へ割当てられ、その目標達成が教師たちに強要される。市町村別の送出番付表を公表し、割当数の達成を市町村に競わせた県もあれば、応募者のいない学校には「国策非協力校」のレッテルを張り、最低一人の応募達成を命令した県もあった。

それでも、義勇軍送出は目標未達が続いた。その背景には、県による対応の差や非協力をつらぬいた学校の存在、それに親の強い反対もあった。また、高等小学卒に対する軍需工場などの求人増も影響した。それにくわえ、満州からの悲観的な情報が生徒や親たちに二の足を踏ませたのだ。訓練所とは名ばかりの掘立小屋で、劣悪な食事が続く。まわりは茫々たる荒野で、訓練用の農場は自ら開墾しなければならない。アメバー赤痢やチフスもはやる。出発前に聞かされていた満州とはあまりにも違いすぎた。病が悪化して帰国したものの報告などから、現地の実態が国内へ少しずつ知らされていたのである。

一方、このような事態を予測していた政府は、早い段階から多くの知識人や作家を満州へ送った。かれらの満州報告を義勇軍や開拓団の宣伝に活用するためであった。しかし、開拓少年たちの実態をつぶさに視察した作家などのなかには、現地の実情を真摯に伝えようとしたものもいる。

近代日本の文芸評論の確立者ともいわれる批評家の小林秀雄は、一九三八年秋に満州を旅し、その紀行文を『満洲の印象』にまとめた。約一四〇〇人の青少年たちが開拓の訓練を受ける孫呉訓練所を訪問した小林は、その施設を次のように描写する。「トラックは無人の野を十キロも快走したろうか、……白い地平線から吹いて来る寒風にさらされて、ひと塊りのみすぼらしい家屋が並んでいるのを見た時、僕は、千四百人の少年が、ここで冬を過ごすとはどういう事であるかを理解した」。小林はさらに続ける。「子供たちの表情は奇妙なものであった。元気に見えるかと思うと、しょげているようにも見え、沈んでいるように見えるかと思うと、快活な表情が見えたりして、最初その感じを捕えることができなかったが、まもなく僕は、はっきりと理解した。……彼らの顔は明けっぱなしの子供の顔なのだ。まさしく困難な境遇に置かれた時の子供の心そのままの顔なのだ」(58)。

東京府から満州へ送られた「転業開拓団」

一九三八～四五年の八年間に、内原訓練所から八万六五三〇人もの少年たちが満州の戦地へ送られた。この他、県の農学校などが送出した勤労奉仕隊の少年・少女らが一万数千人、日本全体では一〇万人を突破したと推定されている（終戦前後に記録が焼却処分されたため、正確な人数は不明）。

一方、「百万戸開拓民送出計画」は引き続き取り組まれたが、団員募集は困難をきわめ、拓務省から県、県から市町村への強制割当は熾烈さを増した。人口三〇〇〇人ほどの高知県幡多郡十川村（現在の四万十町）では、二〇〇戸の分村移民が県から指示され、一九四三年から四五年の間に一三二戸（五四七人）が満州へ渡った。しかし、移民の送出はもはや困難と、「集落によっては（くじ引きなどの）抽選によって決定したところもあった」と伝えられる(59)。

農家の少ない都市部では、ノルマ達成がいっそう困難となり、街にたむろする失業者をはじめ、空襲の被災者まで満州へ送り出された。東京の満蒙開拓団を知る会（代表 今井英男）が二〇一二年に出版した『東京満蒙開拓団』は、満州開拓が東京都の歴史の一部であった事実を、終戦から六七年後に初めて世に明らかにしている。

東京府は一九三九年四月、南多摩郡七生村に拓務訓練所を建設し、開拓団の送出を本格化させる。しかし、応募者の数は限られていた。軍需工場の求人が急増するなか、街にあふれていたルンペンの姿も徐々に消え、失業者の送出計画は頓挫した。

かれらにかわって送られたのが、「転業開拓団」である。太平洋戦争に突入すると、「欲シガリマセン勝ツマデハ」のスローガンのもと、子供の菓子から大人の背広まで、多くの消費財の生産・販売が禁止された。そのため、これらの消費財の生産、流通、販売にかかわる人びとが失業し、転業を余儀なくされたのだ。そこで政府は、一九四〇年一〇月、「中小商工業者に対する対策」を閣議決定した。それは、転業者を軍需産業や関連産業への就職と、満州開拓や中国・南洋などへの移住へ振りむける対策である。『東京満蒙開拓団』によると、一万人を超える東京府からの満州開拓移民のうち、転業開拓団として満州へ渡ったものは、少なくても三三八一人にのぼった。

一九四三年一〇月に満州に入植した荏原郷開拓団は、団員二六九人（家族を含む総人員は一〇九三人）を数え、最大級の転業開拓団であった。荏原区小山町（現在の品川区小山）の武蔵小山商店街商業組合の商店主と家族が、ほとんど街ぐるみで開拓団を組織する。青果店や洗濯業、理髪店からはきもの店、燃料店から質屋まで、ありとあらゆる商店の人びとが満州行きの選択をせまられた。それは、「(軍需工場で)武器を造るか、(満州へわたって)食糧を作るか、選べということだ。恫喝に等しい」ものだったのだ。

「転業開拓団」に続いたのは、「満州疎開者」である。一九四四年一一月以降、アメリカ軍による本格的な本土空襲が始まるが、そのほぼ一年前の四三年一〇月、「建物疎開」が閣議決定された。軍需工場などの周辺にある多くの民間住宅を強制的に破壊して、住民を農村などへ疎開させる。空襲による民間住宅の火災が、軍需工場や政府の重要施設へ延焼するのを防ぐためであった。東京府内では四四年一月から七月、五万五〇〇〇戸の民間住宅が戦車などで破壊された。居住の自由を奪われ、農村にも疎開するあてのない市民たちは、「満州疎開」の選択をせまられる。東京府内の食料配給事情が悪化するなか、立ち退きではなく、食料の豊かな満州へ一時的に疎開するのだと、撤去住民たちは納得させられた。

空襲被災者も例外ではない。一九四五年三月一〇日午前零時からの約二時間、三〇〇機以上のアメリカ軍の爆撃機が、重油などをつめた焼夷弾を東京上空から投下し、墨田区・江東区・台東区などの下町一帯を焼きつくした。犠牲者は少なくとも一〇万人、二七万戸以上の住宅が焼失した。この二〇日後、「都市疎開者の就農に関する緊急措置要綱」が閣議決定され、「満州疎開」の名のもと、空襲で焼け出された人びとまでが満州奥地の開拓村へ棄民されたのだ(60)。アメリカ軍の空襲が激化するなか、東京や大阪の大都市には空襲被災者があふれてきた。一方、軍の強硬派は本土決戦の準備に着手する。こうしたなか、不満分子となって内部爆発を起こす危険のあるものは、「就農疎開」として満州へ送出する。これが戦争末期の大混乱のなかでおこなわれた拓殖事業の姿であった。満州開拓に帝都治安対策がくわえられたのである。

内地へ届かなかった現地からの悲痛な訴え

一九四五年七月二日、終戦の一カ月半ほど前、政府は満州開拓民の送出を中止した。アメリカ軍の爆撃や機雷攻撃によってほとんどの船舶を失ったため、下関や敦賀の港から朝鮮半島へ渡る船の確保も、その安全航行も困難になったからだ。しかし、国民に対し移民中止の周知徹底がはかられなかった。八月三日に福井県の敦賀港を出帆し、八月九日深夜の零時頃、満州牡丹江駅に到着した開拓団があったのだ。ソ連軍がソ満国境を越え、攻撃を開始したのと同時刻である。四〇人ほどの開拓団は東京農業大学の学生三人と東京開拓団の団員で、引率の責任者は同大助教授の太田正充であった。太田は家族を連れ、学生らとともに、「食糧増産学生勤労報国隊」として、満州北部の農大湖北農場へむかったのだ。牡丹江の街がソ連軍に支配される八月一五日の前日、太田がひきいる開拓団一行は、着の身着のままで朝鮮半島にむけ逃避行を始める。その途中で幼い弟を亡くした娘の太田淑子（当時、高等女学校三年生）は、『礎――北満への鎮魂歌』（一九九五年）でこう書いている。

「私たち一行は、日本を発って目的地に着くことなくソ連侵攻に遭遇、満州の惨憺《さんたん》たる終焉だけを体験した。……関東軍は、ソ連の対日参戦の暁には満州放棄を既定の方針としながら、ソ連国境の満蒙開拓団や報国農場などに、避難措置を講ずることなく、最後まで対ソ戦略の楯としてそれらを位置づけていたといえよう。私たちの後続が、よもやあるとは思えないが、間際まで開拓団を送ったことは、その明白な裏付けである。そんなこととも露知らず、あのような目にあって死んでいった人たちが浮かばれない」(61)。

終戦間際まで、満州の現実は国民に知らされなかった。関東軍の憲兵隊による通信検閲が満州からの情報伝達を完全に遮断していたのだ。義勇軍の青少年のなかには、「匪賊の待伏せにあって自動車五台が焼かれ、八十余名は皆戦死し、携帯していた物は掠奪され、見るも無惨な死に方であった」などと、満州の治安悪化を訴えるものもいれば、「義勇軍はもういやです。朝から晩まで使われ空腹で帰ってきても、飯は少しだけで、もうだめです。この手紙つき次第、家の都合で帰れるよう手配してください」と、親へ懇願する少年もいた。「政府や雑誌、新聞、それに講演や政治家は、満州は何でも良いところで、何をやっても成功するように吹聴し、これらの者の口車に乗ってだまされて満州へ来たが、……非常に苦しんでいるものが半数以上もいる」などと、開拓団員からも不満の手紙が発せられた(62)。

しかし、これらの手紙をふくめ、関東軍や政府に不都合な情報が書かれた書簡などは、憲兵隊によってすべて没収され、日本の家族へ届けられることはなかった。戦局が悪化へ転じた一九四一年頃から、憲兵が満州各都市の郵便局に張りついて移民らの封書を開封し、かれらの通信を徹底的に検閲していたのだ。

関東軍に置き去りにされた邦人居留民の生き地獄

一九四五年、敗戦の年へ入るまでに、関東軍の兵力は大幅に削減されていた。四一年七月、対ソ戦を想定しておこなわれた関東軍特殊演習の際には、最大八〇万人の兵力を誇る関東軍であったが、四三年夏頃から南方戦局の悪化に対応するため、精鋭部隊や航空部隊など二〇個師団以上の主力部隊がフィリピン戦線などへ転用され、その兵力は急激にやせほそっていく。一五〇万人のソ連軍を迎え撃つだけの兵力も兵站もなかった。そのため、関東軍はソ連軍侵攻の場合でもこれを阻止せず、満州のほぼ三分の二を放棄して満州南端へ主力部隊を撤退させることを、極秘決定していた。ポツダム宣言の一カ月以上前の五月三〇日、軍の最高統帥機関である大本営が、ソ連軍の満州侵攻を予測して関東軍へ極秘の指令を出したのだ。それは「満鮮方面対ソ作戦計画要領」に基づき、「関東軍は京図線（新京から図們）以南、連京線（大連から新京）以東の要域を確保して持久を策し、大東亜戦争の遂行を有利ならしむべし」(63)との指令である。鴨緑江をはさんで朝鮮北部と接する通化市の周辺でソ連軍を待ち受け、持久戦に持ち込む。関東軍の撤退はすでに決まっていたのだ。

にもかかわらず、関東軍は自らの軍を「補強」するため、終戦直前の時点で、子供と老人をのぞく満州在住の男性のほとんどを緊急に召集した。「根こそぎ動員」と呼ばれたこの召集では、七月一〇日に令状が送達され、一八歳から四五歳の壮年男性二五万人が二〇日ほどの短期間に入隊した。開拓団からは四万七〇〇〇人を超える農民が動員され、これで、関東軍への食料供給をになう開拓村は女性と老人だけにまかされることとなった。

この緊急動員によって関東軍の兵力は七〇万人超に回復し、ソ連侵攻の直前に二四個師団が編成された。しかし、「せいぜい八個師団（関東軍作戦班長草地貞吾大佐の手記）、より厳しくみれば五個師団程度の戦力しかなかった」(64)。「五月から八月に満州で召集されたものは〝必ず兇器及び（火炎瓶用の）ビール瓶二本を携行すべし〟と命じられた」(65)ほど、兵器は不足し、一〇万人もの兵士に小銃さえいきわたらない。「師団と言っても、いわゆる精鋭師団に比べ戦力三〇パーセントというのが実情であった」(66)。

一九四五年八月九日午前零時、ソ連は日ソ中立条約を一方的に破棄して対日宣戦布告をおこない、一五〇万人を超えるソ連軍の戦車部隊と航空部隊が満州侵攻を開始した。これと同時に関東軍の主要部隊は事前の極秘決定どおり、満州中央部から撤退を開始する。八月一〇日の正午前、満州国の首都新京では官軍の要人会議が開かれ、居留民の避難が決まった。防衛庁防衛研修所が編集した『戦史叢書 關東軍〈2〉』によると、避難計画の内容は、「(通化へ撤退するための)第一列車は一〇日午後六時発、順序は民・官・軍、集合は新京駅前広場」であった。しかし、「午後二時ころになっても民・官両ケースの動きには、いっこうに避難準備のけはいがみられない。(一刻のむだも許されないなか)軍においては万一に応ずるため、(軍人の)家族に対し午後五時忠霊塔広場集合の、非常集合指令を出した」(67)。

一般の在留邦人が事態急変の知らせを受け、数時間のうちに財産を処分して荷物をまとめ、家族をつれて夕刻六時までに新京駅前に急行する。そんな離れわざは不可能だった。結果は、官軍の幹部たちが満鉄の列車をほぼ独占的に利用し、軍属や家族をふくめ、満州南部へむけてのいっせい逃走となったのだ。

関東軍が軍人と家族の避難を優先させた記録が残っている。満蒙同胞援護会編の『満蒙終戦史』は、軍の命令で満鉄が手配した「疎開列車」で八月九日から一三日までの間に、新京を中心にして満州各地から朝鮮国境ちかくの通化省および北鮮へ逃げ延びた人数について、次のように記しているのだ。八月九〜一二日軍司令部の軍人・軍属家族三二〇〇人、全満各地の軍関係家族一万七一一六人、一〇〜一二日満鉄関係者の家族一万六七〇〇人、一一日日本大使館・関東局関係の家族七五〇人、一二日満州国政府関係の応召軍人家族七六九人、そして最後の一三日は、国策会社や一般市民家族二万三〇二九人、であった(68)。

関東軍だけでなく、日本政府にも大本営の軍幹部にも、居留民保護の意識はほぼ皆無であった。八月一四日発信の外務省電信が、この事実を如実に物語っている。それは、東郷茂徳大臣名で満州、中国、南方各地の大使館など在外公館へ発せられた緊急電信である。

「三カ国宣言条項受諾に関する在外現地機関に対する訓令」と題したこの電信は、八月一五日のポツダム宣言受諾を公表する前に、必要な指示を在外公館へ伝えるものであった。訓令は冒頭で、天皇の写真や紋章などの取り扱いに万全の措置をとるとともに、機密文書や暗号機械などの処分を指示した。続けて訓令は、「居留民に対する措置」の「一般方針」のなかで、「居留民は出来得るかぎり定着の方針を執る」ことを明確に示したのである(69)。

ポツダム宣言は、武装解除後の日本軍兵士の復員を保証したが、在外邦人の帰国には何も触れなかった。満州や南方諸国で敗戦を迎える三〇〇万人以上の邦人については、日本政府の責任で対応しなければならない。しかし、邦人輸送の船はなく、燃料もつきていた。居留民たちは現地にとどまって何とか生き延びてほしい。これが、八月一四日外務大臣が在外公館へ発した、まさしく棄民のメッセージであった。

旧満州牡丹江省（現在の中国黒龍江省）に生まれ、作詞家で直木賞作家のなかにし礼は六歳の時、ハルビンの避難民収容所でこの棄民の通達を聞いた大人たちがあ然としていた光景を、記憶する。「(外務大臣からの通達は) つまり帰ってくるなということだ。帰ってきても君たちを養う力は今の日本にはない。こんな無責任な国家があっていいものだろうか。……国策として満州移住と開発発展を進めた日本国が、戦争に負けたとなると、こんな筋の通らぬ通達を送ってよこすのだ。非情を通り越してすでに殺人行為である」(70)。

『戦史叢書』によると、「事態が逼迫してから東京の中央省部から在満居留民なり開拓団の後退その他について一度でも意図が述べられたことはなかった」(71)。この一文を読んだだけで、戦争を引き起こした国家の指導者たちの、人間性のはなはだしい欠如に戦慄を覚えてしまう。

一九四五(昭和二〇)年三月、富山県在満報国農場隊長として満州北部の佳木斯《チャムス》へ渡った元国民学校教師の根塚伊三松が、終戦二日前の八月一三日までつけていた「報国農場日誌」は、開拓村の当時の状況を今に伝える。開拓団が県や村ごとに開設した報国農場は七四カ所あったが、七月一八日新京での全満報国農場長会議には、根塚ら六六人が参加した。東京から飛んできた開拓総局長は、内地へ二〇二万トンの穀物を送るため、「今年の東満の気候は順調でないが、熱意と努力によって豊作を達成するよう」、農場長らに指示した。根塚隊長は、富山県報国農場へ戻ると、穀物の出荷増を団員へ徹底するため、農場内の農家を訪問して回る日々が続いた。そして八月九日、佳木斯が突然ソ連空軍の爆撃を受け、ソ連軍の侵攻を初めて知る。四日後の一三日、「翌朝、全員が農場を脱出する」ことを決め、「携行品は一週間分の食糧と衣類に限定し、できるだけ軽装させることにした」。「最後の一夜だと思うと、なかなか眠れなかった」(72)。これが根塚の農場日誌に記された最後の文章である。

満州北東部の密山県にあった東京農業大学報国農場でも、状況はほとんど同じだった。同大の学生小島誠爾は、八月一〇日からの逃避行の一端を次のように記録する。「のろのろと、それでも山道を歩いた。飢え、疲労、下痢の連続で二十日間位すぎていただろう。集団のそれぞれは頭髪はうすれ、骸骨のような顔付となり、目ばかりが光っていた。……（首都新京の北東約三〇〇キロの林口県内の森林で）疲れと飢えで動けなくなっていた集団にむかって、森林トロッコに乗った日本人将校とソ連軍人が到着した。（ソ連軍の牡丹江収容所へ収容され、一カ月後に新京の収容所へ移されたが、）氷点下二〇度を超える厳冬に、寝具も防寒衣料ももたない集団の生活は、あわれであった。……隣に寝ている高熱の患者が大声でうなされて、翌日には冷たくなって……虱が死体をはい回っている。死体はむしろにくるんでモッコに乗せて、居留民会があらかじめ掘った墓地に運んで埋めた。……墓地は、すぐ死体で埋めつくされてしまった」(73)。

満蒙開拓青少年義勇兵たちの逃避行も苛酷であった。一九三八（昭和一三）年からの八年間に内原訓練所から満州へ渡った八万六五三〇人のうち、六万四二二五人はすでに開拓村へ入植し、訓練中の二万二三〇五人は三一カ所の入植訓練所で終戦を迎えた。ただし、ソ連軍の侵攻時、多くの義勇隊員は関東軍の施設などに勤労挺身隊としてかり出され、訓練所には一五～一六歳の少年しか残っていなかった。その多くは、ソ連軍に降伏して収容所に移されたが、栄養失調や病気で命を落とすものが続出した。勃利訓練所の訓練生ら一二五〇人は、東京城で約一カ月間収容所に入れられ、その後に延吉の監獄に移されたが、四六（昭和二一）年の春までに越冬中の死者は三五〇人に達したといわれる。

一方、逃げ遅れてソ連軍に包囲され、攻撃された開拓団も少なくなかった。「ほとんど全滅した開拓団は十指にも及び、一部落全滅、一〇名以上の集団犠牲を出した開拓団にいたっては、およそ一〇〇団にも達する」(74)。また、満州人の報復攻撃や掠奪・襲撃にあって殺害され、あるいは自決せざるをえなかったものも多数いた。

ソ連軍の侵攻時、満州に居住していた日本人はおよそ一五五万人で、そのうち、日本へ帰りつくまでの間に、戦死・自決・餓死・凍死・病死などで命を失った犠牲者の総数は、一七万六〇〇〇人と算定されている。一方、青少年義勇軍をふくむ開拓民の総数はおよそ二七万人、その犠牲者は七万八五〇〇人を上回った。犠牲者全体に占める開拓民の死亡者の割合は四五％ちかくにおよぶ。上笙一郎はその著『満蒙開拓青少年義勇軍』のなかで、「(これらの数字を突き合わせてみて)愕然《がくぜん》としない者があるだろうか。……青少年義勇軍を含む開拓者の在満日本人全体にたいする割合は、およそ一七％でしかないのに、死亡率はというと五〇％に近いからである。(この事実は)何を物語るものであろうか。それは、青少年義勇軍を含む満州開拓民が、敗戦前後の時期、いかに苛酷な条件のもとに置かれたかということを示すものにほかならない」(75)と断言する。

一七万六〇〇〇人に達した犠牲者のうち、一九四五年一〇月下旬から翌年五月末までの越冬期間中に、飢えと寒さと発疹チフスなどの伝染病で命を亡くした人びとは一三万人におよぶ。ソ連軍攻撃からの逃避行は、その犠牲者の数が、一〇万人の市民が犠牲となった四五年三月一〇日の東京大空襲を上回り、兵士と住民、合わせて一八万八〇〇〇人以上の犠牲者を出した沖縄戦に匹敵するほどの、あまりに残酷すぎる惨劇であった。

一人の僧侶が始めた中国残留孤児の調査活動

ソ連侵攻からの逃避行のさなかに、家族との離散や死別などで身寄りを失った多くの日本人の幼児や児童が、現地の中国人に養子として引きとられた。また、逃げ延びることが困難となり、中国人の妻となって生き延びる途を選ばざるをえなかった日本人女性も少なくない。こうした残留孤児と残留婦人たちを探す活動は、一九六〇年代の中頃から開始された。敗戦からほぼ二〇年後、この捜索に着手したのは日本政府ではない。満州引き揚げの住職、山本慈昭であった。

長野県下伊那郡阿智村の国民学校で教師をしていた山本は一九四五年五月、満州北部、ソ連領沿海州寄りの東安省宝清県へ、阿智郷開拓団の子供たち五一人を連れ、教師として赴任した。その三カ月後、ソ連軍侵攻からの逃避行で山本は妻と二人の娘、そして引率した生徒たちの大部分と離ればなれとなり、自身はハバロフスク収容所での抑留生活をへて四七年に帰国した。帰国後、家族の死と阿智郷開拓団員の八割以上が帰国できなかったことを知った山本は、六四年、時の中国国務院総理・周恩来へ遺骨収集の許可を求める直訴状を送り、その年の一一月、北京を訪問して周総理と面談した。

遺骨収集は叶わなかったが、翌年、山本の活動を聞いた一人の残留邦人から手紙がとどいた。孤児らの生存を確認した山本は、中国国内の残留邦人に対する情報発信の活動に着手し、一九七二年の日中国交正常化後、「日中友好手をつなぐ会」を組織して残留孤児探しを本格的に展開する。七三年から八〇年にいたる調査活動によって、残留婦人や残留孤児一七八人が日本の肉親と再会、あるいは身元判明が実現した。この間、長野県の山本のもとには、中国の残留孤児から「日本の親に会いたい」との手紙や、「中国に残してきた子供を探したい」とする日本国内からの問い合わせが二万通もとどいたという。山本は八二年、一人の孤児からの情報提供によって、生き延びていた長女と黒竜江省で念願の再会を果たした。しかし、その後も活動を止めず、八六年までに九回の訪中調査を実施した。

一九六〇年代末頃から山本は、厚生省や外務省などへ毎週のように通い、「残留孤児たちにせめて一度でも祖国の土を踏ませてほしい」と訴えていた。しかし法務省では、「戸籍上死亡となっているものを今さら掘り起こして何になる」と怒鳴られた。また、厚生省の役人は、「勝手に大陸に渡った開拓民と、お国のために応召した軍人をいっしょに扱えるか」と、対応したという(76)。これほど歴史を知らない役人が存在していたのか。言葉を失う。

厚生省が孤児情報の公開調査に踏み出したのは一九七五年、残留孤児の集団訪日調査を開始したのは八一年、日中国交正常化からほぼ一〇年後のことである。八一年三月の第一次中国残留孤児集団訪日調査では、四七人の残留孤児のうち三〇人の肉親の身元が判明した。その後、九九年一一月までの約二〇年間に三〇回の集団調査が実施され、訪日した孤児は二一一六人、うち肉親の身元判明者は六七三人に達した。二〇〇一年からは、残留孤児の高齢化と身元判明率の低下などのために、集団訪日調査からインターネットなどを活用した情報公開調査に切り替わり、二〇一二年までの一三年間に九〇人の孤児が公開調査の対象とされた。しかし、身元が判明したのは一二人にとどまり、二〇一三〜一六年には新たな対象者が公開されることもなくなった。

神戸地方裁判所が認めた国家の責任

作家の山崎豊子は、中国取材から執筆まで八年をかけて書き上げた『大地の子』（月刊文藝春秋）のなかで、残留孤児という言葉を使わなかった。『月刊サンサーラ』（一九九一年九月）のインタビューで、その理由をこう述べる。「残留という言葉には、意志があるでしょう。彼らには残留しようという意志はないのです。日本政府が国家としての責任を回避したずるい名称の書き換えです。〝戦争犠牲孤児〟というのが正しい」(77)。

その国家の責任を、永住帰国した残留孤児たちが法廷の場へ訴えた。二〇〇一〜〇五年の間、全国一五カ所の地方裁判所に二二一一人の永住帰国孤児が、国は帰国支援や帰国後の生活支援をおこたったとして、残留孤児国家賠償請求訴訟を起こした。しかし、ほとんどすべての地方裁判所は、残留孤児の発生の主因をソ連侵攻とする国側の主張を認め、孤児側敗訴の裁定を下した。

ところが、神戸地方裁判所は二〇〇六年一二月一日、国が残留孤児の帰国を遅らせ、帰国後の支援をおこたったとして、残留孤児六一人の原告へ総額四億六八六〇万円の支払いを命じた。同地方裁判所は、「開拓民に提供された農地は、現地中国人から半ば収奪されたようなもので、……開拓民は、移民の当初から、現地中国人の反感を買いやすく、かつ、ソ連軍の満州侵攻時に犠牲となりやすい状況下に置かれていた」とし、さらに、「(ソ連の満州侵攻を察知しながら) 政府は、静謐《せいひつ》を装う方針を堅持することにし、開拓民に関東軍やソ連の動向に関する情報を伝えることも、開拓民を待避させる措置を講ずることもなかった」などとして、残留孤児の帰国遅延に関する国家の責任を明確にした。また、残留孤児の早期帰国支援の国の義務についても、日中国交正常化後に、「帰国を実現すべき政治的責任を果たすための土壌が整った」にもかかわらず、政府の「消極的な姿勢により、多数の残留孤児の帰国が大幅に遅れ」、「残留孤児の高齢化を招き、残留孤児が日本社会に適応することを妨げた」(78) とし、孤児側の主張を全面的に認めたのだ。

この裁定を受け二〇〇七年一月三一日、中国残留孤児の代表と面談した、時の安倍晋三総理は、「これまでの政府の対応は不十分だと思うので、法律的な問題や裁判とは別に、新たな対応を取りたい」と述べ、その直後の国会答弁でも政府の対応の不十分さを認めた。この時から、永住帰国した残留邦人に対する政府の経済支援などが大きく改善されていく。神戸地裁の裁定が、残留邦人の帰国者に対する政府の対応に大転換をもたらしたのである。

8　移民を忘れる日本の教科書

毎年四月の第二日曜日、東京都多摩市連光寺にちかい拓魂公苑で、満州開拓民や青少年義勇軍の犠牲者に対する慰霊祭が開催される。一九六三年に公苑が建設された頃は、全国組織の拓友会主催の慰霊祭に一〇〇〇人を超える拓友や関係者が集まり、公苑内へ入りきれないほどだったといわれる。しかし、会員の高齢化などのために慰霊祭の規模は年々縮小し、数年前からは、百数十人ほどの有志が慰霊の行事を続けている（**写真3参照**）。

拓魂公苑には、都道府県や集団移住した村などの開拓団団碑一七一基が建つ。公苑の左奥には由来碑があり、その上段には公苑建設委員会委員長の安井謙（後の参議院議長）の碑文（昭和三八年八月）が刻まれている。碑文には、「満州の昿野に散った八万の開拓者」への鎮魂と哀惜の思いが溢れるものの、「満蒙の天地に世界に比類なき民族協和の平和村建設と、祖国の防衛という高い日本民族の理想を実現するために重大国策として、時の政府によっておこなわれた」などの文言が続く。開拓民の聖地ともいえる公苑を訪ね、花と線香をたむけて犠牲者の霊を慰める人びとは、民族協和や日本民族の理想の実現など、満州開拓を礼賛するかのような言葉を、どのような思いで受けとめるのか。長野県下伊那郡阿智村にある満蒙開拓平和記念館の寺沢秀文はこの碑文に対し、「(当時のスローガンと、それによって引き起こされた悲劇の実態との)大きなギャップをきちんと受け止めなくては多くの犠牲者の鎮魂にはならないのではないか」[79]と述べ、満蒙開拓の史実を語り継ぐことの重要性を訴える。寺沢が指摘するとおり、八万人にもせまる開拓民と青少年義勇軍の犠牲者たちは、満州開拓の礼賛を望むのではなく、二度とこうした歴史をくりかえさないよう、いつまでも語り継いでほしいと、今の私たちに語りかけているのではないだろうか。

写真３　東京都多摩市内の拓魂公苑で開催された、満州開拓民や満蒙開拓青少年義勇軍の犠牲者を悼む合同慰霊祭（2016年4月10日筆者撮影）。

権力者にとって不都合な歴史を省略する教科書

しかし、歴史の教科書はこの声に応えていない。二〇一四年度使用の『日本史B』一九点のうち、満州開拓について一言も触れていないものが九点もある。本文またはコラムの二〜六行で略述するのは四点、脚注の数行に記すものは五点あるが、詳述するのは清水書院の『日本史B最新版』だけで、本文九行を使ったその解説は次のようなものである。

「日本政府は、人口過剰や恐慌による農村疲弊の打開策として満州移住を実施した。……長野県を筆頭に多くの農民が家族や村単位で移住した。さらに、一九三八年から満蒙開拓青少年義勇軍として移住する青少年も増加した。彼らは、地主・自作農を夢見て移住したものの、現実は極寒・貧困のなかでの困難な仕事に苦しみ、農地を取りあげられた中国人との闘いにも悩まされた。戦争末期には、兵士としても徴発され、敗戦後はソ連軍の侵攻などによって混乱のまま一家離散し、今日までつづく中国残留孤児の問題を生んだ」(80)。さらに、この教科書は、「(地域史3) 満州農業移民と満蒙開拓青少年義勇軍」と題する一ページのコラム蘭を設け、満州移民の歴史的な流れと青少年義勇軍送出のねらい、募集、訓練などについて解説し、県別の送出番付表を掲載する。

一方、本文あるいは脚注で触れる九点の教科書を見ると、「軍部は、〝満州国〟での日本人の地位を固め、対ソ戦を準備するために、ソ連と国境を接する北満に満州開拓移民を植民させた」(81)などと略述するのがほとんどである。また、脚注では、「侵攻するソ連軍の前に関東軍はあえなく壊滅し、満蒙開拓移民をはじめ多くの日本人が悲惨な最期をとげた。生き残った人びとも、引揚げに際してきびしい苦難にあい、多数の中国残留孤児を生む結果となった」(82)などと述べ、満州開拓民や青少年義勇軍については、戦後の引き揚げに関する補足説明のなかで触れているだけである。

戦前の歴史のなかで、満州開拓や義勇軍送出の事実を少しでも書いている『日本史B』は、ほとんどない。また、残留孤児らによる国家賠償請求訴訟など、帰国した孤児らの戦後について触れる『日本史B』もない。そもそも、残留孤児問題の発生の起源となった満州開拓の歴史を学ばずして、生徒たちがこの問題への理解を深めることができるのだろうか。中国残留孤児問題の歴史の深さと重みは、戦後の引揚げに関する二～三行の「脚注」のなかの補足的な説明で済まされるようなものでは決してない。

残留孤児問題は、権力者が国民をだまし、長期にわたって犠牲を強いてきた、国家の失政の象徴的な結果であり、次の世代へ語り継がねばならない太平洋戦争史の重要部分である。しかし、高校の歴史教科書は移民の歴史そのものをほとんど無視し、その重要部分を生徒に語り継ごうとしていない。権力者にとって不都合な歴史の事象はできる限り触れない。歴史は広く、浅く教えるという、「歴史の簡略化」が、それを可能としてきたのである。

光が当てられない日本現代史の分水嶺

前述したように、昭和天皇は、『昭和天皇独白録』の冒頭、アメリカの一九二四年移民法（排日移民法）制定と、その後に起こった日本人の反米感情の高まりを利用して台頭した軍部の策動が、太平洋戦争の遠因であったことを示唆した。

日本現代史のほぼ中間点に位置する、この排日移民法の制定は、わが国の移民政策に大転換をもたらした。関東軍が満州移民にかかわるきっかけを作ったことで、移民と侵略とを結合させた、その法制定は、日本現代史の重大な分水嶺であったと見ることができる。その分水嶺を境に、明治と昭和の時代へと、二つの暗い歴史が流れているのだ。

分水嶺から明治維新への流れに目をやると、そこでは、農業の近代化につまずき、植民地米へ安易に依存したまま米の自給を達成できなかった、明治農政の停滞が浮き彫りになる。それは、農業を踏み台に殖産興業・富国強兵をすすめながら、寄生地主の増殖を放置し、結果として増え続けた貧農を食いつめ者として切り捨てた、棄民の歴史でもあった。

一方、分水嶺から戦争へむかう流れは、移民法制定によってもたらされた、「一等国」日本人の屈辱感から始まる。排日移民法を「国辱」と受けとめた日本人は、これを境に反米感情を強め、軍部台頭の支持、日米開戦、敗戦、そして被占領へと、破局への途を突きすすんだ。もし、日本の歴史教科書が、アメリカ移民法制定の背景とその後の影響に焦点を当てるとするなら、こうした分水嶺の両側の歴史についても生徒たちに示していかなければならない。それだけではない。破局への途の終着点で、何十万人もの同胞たちを切り捨ててしまった、日本現代史上もっとも暗い部分にも光を当てなければならなくなる。

このような歴史の暗部に触れることで、日本の現代史教育をおしなべて暗いものにしてしまうのは回避したい。『日本史B』が移民の歴史をほとんど無視してきた実態は、権力者側のそうした思惑が強く反映されてきた結果だと見ることができる。

（第二章の主な参考・引用文献）

（1）Rudolf Berg（2010）, *Kursbuch Geschichte - Oberstufe Baden-Württemberg - Gesamtband Neubearbeitung*, Cornelsen Verlag, Berlin, p.99. なお、本引用に続き、九九頁、一一九頁、一一九～一二〇頁、一二〇頁から引用した。

（2）Franz Hofmeier und Hans-Otto Regenhardt（2014）, *Forum Geschichte 9/10 Vom Imperialismus bis zur Gegenwart*, Cornelsen Verlag, Berlin, p.163.

（3）前掲（1）の一一七頁。

（4）前掲（1）の一二五頁。

（5）Patricia McCarthy（2010）, *Footsteps in Time 1*, CJ Fallon, Dublin, pp.384-385.

（6）Jay P. Dolan（2008）, *The Irish Americans A History*, Bloomsbury Press, New York, pp.77-78を参考とした。

（7）前掲（5）の三八六頁。

（8）Seán Delap and Paul McCormack（2011）, *Uncovering History - Second Edition*, Folens, Dublin, p.257.

（9）Cecil Woodham-Smith, *The Great Hunger Ireland 1845-1849*, Penguin Books, London, 1991, p.240を参考とした。

（10）United States, Bureau of the Census（1975）, *Historical statistics of the United States - colonial times to 1970 - Part One*, U.S. Government Printing Office, Washington, D.C., p.164.

（11）David Kennedy and Lizabeth Cohen（2013）, *The American Pageant*, Cengage Learning, Wadsworth, p.281. なお、本引用に続き、二八一～二八四頁、二八六頁、二七九～二八〇頁、二八〇～二八一頁、二八一頁、二八二～二八三頁、および二八三頁から引用した。

（12）The Virtual Museum of the City of San Francisco（2015）, *San Francisco Gold Rush Chronology 1846-*

1849 (May 29, 1848) (http://www.sfmuseum.org/hist/chron1.htm)（二〇一五年一〇月一日閲覧）
（13）James L. Roark (2012), *The American Promise: A History of the United States*, Bedford/St. Martin's, Boston, pp.552-553.
（14）寺崎英成／マリコ・テラサキ・ミラー編著（一九九五年）『昭和天皇独白録』文藝春秋、二四～二五頁。
（15）村尾次郎ほか二五名（二〇〇三年）『高等学校最新日本史』明成社、二二一頁。
（16）青木美智男ほか一二名（二〇一二年）『日本史B改訂版』三省堂、二一九～二二〇頁、佐々木寛司ほか一〇名（二〇一四年）『日本史A最新版』清水書院、一三二～一三三頁、および高村直助ほか七名（二〇一四年）『日本史A』山川出版社、一四七頁を参考とした。
（17）飯島真理子（二〇一〇年）『ハワイ日本人移民の二段階移動――国際移動から国内移動』（上智大学アメリカ・カナダ研究所編　The Journal of American and Canadian Studies No.28）、三六頁。
（18）今野敏彦・藤崎康夫編著（一九八六年）『移民史Ⅲアメリカ・カナダ編』新泉社、六二～六七頁を参考とした。
（19）広島県編集・発行（一九九三年）『広島県移住史通史編』広島県、八六～九三頁を参考とした。
（20）桂馨五郎立案・福井太喜弥編（一八九〇年）『布国渡航者必携』福井太喜弥発行、一〇九～一一一頁。
（21）前掲（19）の二六頁。
（22）宮本常一（一九八六年）『ふるさとの生活』講談社、二〇一頁。
（23）久米邦武編　水澤周訳注（二〇〇五年）『現代語訳　特命全権大使　米欧回覧実記第3巻ヨーロッパ大陸編（上）』慶応義塾大学出版会、一一五～一一六頁。
（24）安藤圓秀編（一九六六年）『駒場農学校等史料』東京大学出版会、七〇〇～七〇一頁を参考とした。
（25）大内力（一九六〇年）『日本現代史大系　農業史』東洋経済新報社、五〇頁。
（26）井上清（一九六六年）『日本の歴史20　明治維新』中央公論社、二三八頁。

(27) 東畑精一（一九三六年）『日本農業の展開過程』岩波書店、八六頁。
(28) 西川俊作（一九八五年）『福沢諭吉と三人の後進たち』日本評論社、七三頁、および鬼頭宏（二〇〇七年）『図説人口で見る日本史』ＰＨＰ研究所、一一八頁を参考とした。
(29) 北海道編（一九八〇年）『新北海道史第九巻史料三』北海道、七七六～八〇一頁、および海外移民については、国際協力事業団（一九九四年）『海外移住統計』、一三一～一三三頁を参考とした。
(30) Alfred Stead (editor) (1904), *Japan by the Japanese* (The Corea Affair of 1884 by Professor Nagao Ariga, Japanese Legal Delegate at the Hague Conference), Willian Heinemann, London, p.197.
(31) 飯倉章（二〇一三年）『黄禍論と日本人――欧米は何を嘲笑し、恐れたのか』中央公論新社、四七頁。
(32) 村山有（一九六六年）『ハワイ二世』時事通信社、二五～二六頁。
(33) 簑原俊洋著　神戸大学研究双書刊行会編（二〇〇六年）『カリフォルニア州の排日運動と日米関係』有斐閣、二四～二五頁。
(34) David J. O'Brien and Stephen S. Fujita (1991), *The Japanese American experience*, Indiana University Press, Bloomington, p.23.
(35) ホーマー・リー著　望月小太郎訳（一九八二年）『日米必戦論』原書房、一五九～一六二頁を参考とした。
(36) 水野広徳（一九八二年）『次の一戦（復刻版）』原書房、一九～二二頁。
(37) 渡部昇一（一九八九年）『日本史から見た日本人・昭和編』祥伝社、一五三頁。
(38) Adam Tooze (2014), *The Deluge-The Great War, America and The Remaking of the Global Order, 1916-1931*, Viking, New York, p.326.
(39) 前掲（11）の七〇三頁。
(40) 山本泰次郎編（一九六五年）『内村鑑三日記書簡全集３』教文館、五二頁、六三頁。

(41)渋沢青淵記念財団竜門社編纂(一九六一年)『渋沢栄一伝記資料第三七巻』渋沢栄一伝記資料刊行会、四三三~四三四頁、四〇〇頁。
(42)宮内庁著作(二〇一五年)『昭和天皇実録第四』東京書籍株式会社、七九~八〇頁、九八頁。
(43)吉田忠雄(一九八三年)『国辱――虚実の「排日」移民法の軌跡』経済往来社、一九一頁。
(44)石橋湛山著 石橋湛山全集編纂委員会編(一九七一年)『石橋湛山全集第五巻(「米国は不遜日本は卑屈 我国民は友を亜細亜に求めよ」)』東洋経済新報社、一〇七~一〇八頁。
(45)山脇啓造(一九九四年)『近代日本と外国人労働者――一八九〇年代後半と一九二〇年代前半における中国人・朝鮮人労働者問題』明石書店、一二四頁、一三四~一三五頁、一二九頁を参考とした。
(46)前掲(44)の一〇九~一一〇頁。
(47)三輪公忠編著(一九九七年)『日米危機の起源と排日移民法』論創社、三九〇頁、および前掲(43)の二〇六~二〇七頁を参考とした。
(48)東郷實(一九二八年)『一等國(文藝春秋第六巻(一)昭和三年一月号)』文藝春秋社、一三頁。
(49)前掲(32)の三一~三四頁。
(50)在米日本人会編(一九四〇年)『在米日本人史』在米日本人会、サンフランシスコ、五八七頁。
(51)前掲(18)の一八七頁を参考とした。
(52)石川達三(一九五一年)『蒼氓』新潮社、一七〇頁。
(53)前掲(47)(『日米危機の起源と排日移民法』)の一〇頁、一九頁を参考とした。
(54)吉田忠雄(二〇〇六年)『南米日系移民の軌跡』人間の科学新社、一〇五頁。
(55)農林大臣官房総務課編(一九五八年)『農林行政史第二巻』農林協会、一二二一~一二二二頁を参考とした。
(56)前掲(55)の一二二三頁を参考とした。

(57)森本繁（一九七三年）『ああ満蒙開拓青少年義勇軍』家の光協会、二五頁。
(58)小林秀雄（一九七八年）『新訂　小林秀雄全集　第七巻』新潮社、二三頁、二六～二七頁。
(59)高知県幡多郡十和村「十和村史編纂委員会」編（一九八四年）『十和村史』六七一頁。
(60)東京の満蒙開拓団を知る会（代表　今井英男）（二〇一二年）『東京満蒙開拓団』ゆまに書房、二八七頁、三二八～三二九頁を参考とした。
(61)太田淑子（一九九五年）『礎――北満への鎮魂歌』出版文化社、二四一～二四三頁。
(62)小林英夫・張志強共編（二〇〇六年）『検閲された手紙が語る満洲国の実態』小学館、六七～七四頁を参考とした。
(63)島田俊彦（一九六五年）『関東軍――在満陸軍の独走』中央公論社、一八四頁。
(64)新人物往来社戦史室編集（一九九四年）『満洲国と関東軍』新人物往来社、二五四頁。
(65)若槻泰雄（一九九一年）『戦後引揚げの記録』時事通信社、三一一頁。
(66)防衛庁防衛研修所戦史室（一九七五年）『戦史叢書　大本営陸軍部〈一〇〉』朝雲新聞社、七〇頁。
(67)防衛庁防衛研修所戦史室（一九七四年）『戦史叢書　關東軍〈2〉』朝雲新聞社、四〇九～四一〇頁。
(68)満蒙同胞援護会編（一九六二年）『満蒙終戦史』河出書房新社、二五～二六頁を参考とした。
(69)加藤聖文監修・編集（二〇〇二年）『海外引揚関係史料集成（国外編）第一七巻』ゆまに書房、九～一〇頁。
(70)なかにし礼（二〇一四年）『天皇と日本国憲法（亡郷者の望郷）』毎日新聞社、一一四頁。
(71)前掲（67）の三五三頁。
(72)山田昭次編（一九七八年）『近代民衆の記録6　満州移民（根塚伊三松「報国農場日誌（昭和二十年）」）』新人物往来社、二二三～二四〇頁を参考とした。
(73)廣實平八郎編（一九九八年）『生還者の覚書き――東京農業大学満洲湖北農場顛末記（小島誠爾「逃避

行――ある終戦の記録―）』廣實平八郎（非売品）、三一頁。
(74)前掲（57）の三三二頁、三六八頁。
(75)上笙一郎（一九七三年）『満蒙開拓青少年義勇軍』中央公論社、四～五頁。
(76)山本慈昭・原安治（一九八一年）『再会――中国残留孤児の歳月』日本放送出版協会、一四頁、三八頁。
(77)山崎豊子（一九九一年）『戦争孤児への想い――贖罪意識で書き続けた「大地の子」』（月刊サンサーラ一九九一年九月号）、徳間書店、二六二頁。
(78)井出孫六（二〇〇八年）『中国残留邦人――置き去られた六十余年（巻末資料「中国「残留孤児」訴訟――神戸地裁判決（抄）」）』岩波書店、一～二頁および一一～一三頁。
(79)方正友好交流の会編集（二〇一四年）『星火方正～燎原の火は方正から～（二〇一四年五月一五日発行第一八号）（寺沢秀文「満蒙開拓」五題）』方正友好交流の会、六四頁。
(80)荒野泰典ほか九名（二〇一四年）『高等学校日本史B最新版』清水書院、二三三頁。
(81)江坂輝弥ほか一〇名（二〇一二年）『新日本史B』ピアソン桐原、三七七頁。
(82)老川慶喜ほか一〇名（二〇一四年）『詳説日本史』山川出版社、三六八頁。

第三章　日米の歴史教科書に存在する著しい違い

歴史には光と影の部分がある。多くの人びとにとって忘れたい、子供たちの世代へ語り継ぎたくないような、歴史の暗い部分があるのは、どこの国でも同じであろう。しかし、歴史の教育という場で、それはあってはならない。明るい光の部分ばかりを強調するような歴史教育では、過去から何も学ぶことができなくなるからだ。

日本人移民への迫害を忘れないアメリカの教科書

歴史の暗部に光を当てるという点で、日米両国の歴史教科書には著しいほどの違いが存在する。その典型的な事例が日本人移民の歴史に関する解説である。アメリカの高校教科書『世界史現代』は、「日系アメリカ人の運命」の節を設け、三ページにわたり詳述する。

「(第二次大戦勃発後のアメリカでは、)ドイツ系アメリカ人に対する迫害がほとんど起こらなかったし、イタリア系にも何もなかった。アメリカ国内の親ナチス団体やファシスト組織の関係者は逮捕され、二八人の被告を扇動罪で罰しようとする大がかりな裁判はおこなわれたが、弁護士が何週間にもわたって裁判の引き延ばし作戦を行使したため、最終的には評決不能で無罪となった。……ドイツ系とイタリア系のアメリカ人の扱いには、節度が保たれたのだ。しかし、これとは対照的な悲劇が日本人を襲った。アメリカ人大衆の逆上した怒りが、かれらにむけられたのだ。……太平洋での戦闘が激化するにつれ、西部沿岸州では日系アメリカ人に対する憎悪が高まり、真珠湾攻撃でのスパイ行為や日本軍のカリフォルニア沿岸上陸支援の陰謀工作など、日本人に関するデマ情報が流された。後にこれらは完全にでたらめな情報であったことが証明されたが、ルーズベルト大統領は一九四二年二月、一般市民の圧力が強まるなか、西部沿岸州に住む日系市民全員を排除するよう軍に命令した。約一一万七〇〇〇人が突然、有刺鉄線に囲われた地区へ追いたてられ、その後、荒野のなかに建てられた粗末な強制収容所へ送られた。かれらは、所有していた財産の少なくても四〇％を失い、解放後にも数年間、まともな職につくことができなかった。（なお、ハワイ在住の日系人は、日本人会の代表などの拘束をのぞき、収容されることはなかった。）しかし、こうしたなかにあっても、一万七六〇〇人の日系アメリカ人が、ハワイや強制収容所からアメリカ軍に入隊して従軍し、戦闘に参加した。（母国アメリカへの忠誠を実証するために参戦した日系部隊は、）特にイタリア戦線で勇猛果敢な戦いぶりをみせた」。

また、この『世界史現代』は、「アメリカ自由人権協会は、日本人の強制収容を〝アメリカ市民が有する市民としての自由に対する、アメリカ史上最悪かつ唯一の無差別な蹂躙《じゅうりん》である〟と非難した」事実を述べるとともに、「一九四四年、アメリカ最高裁が日系および在米日本人の強制収容を合法と結論づけた」事実ものせている(1)。

一方、前出の高校教科書『アメリカ歴史の野外劇』は、「アメリカを創った人びと～日本人」と題する二ページのコラム欄を設け、複数の写真をのせて日本人移民の歴史を解説する。コラムは、「ここは白人居住区、ジャップは立ち止まるな」、「ジャップは立入禁止、日本人の求人無し」とする看板の写真をのせ、一九二三年のカリフォルニア州で激化した排日運動の解説から始まる。次に教科書は、日系アメリカ人の強制収容に焦点を当て、こう述べている。「米国陸軍西部防衛司令部は一九四二年、太平洋沿岸州に居住していた日本人および日系アメリカ人を全員強制的に収容することを命令した。（日本人移民や日系アメリカ人の）家族は手荷物を大急ぎでとりまとめ、内陸のへき地に急きょ建設された〝移住センター〟の収容所へ移るしかなかった」(2)。

最後にこの教科書は、自由と財産を奪われた日本人移民たちの苦痛と悔しさを、一枚の写真をとおして、アメリカの今の高校生たちの心のなかに刻み込もうとする。それは、ロスアンゼルスから三五〇キロも離れたシエラネバダ山脈の山懐に建てられ、一万人以上を収容したマンザナー強制収容所の有刺鉄線に手をやりながら、収容所の外をじっと見つめる三人の日系少年たちの写真である。

日本の高校歴史教科書が、国策として送り出した日本人移民の歴史をほとんど無視する一方で、アメリカの教科書は、戦時中の強制収容という人権無視の扱いをふくめ、日本人移民を迫害してきた自国の歴史の暗部に光を当てる。日米開戦時、全米一〇カ所の収容所に入れられた一一万七〇〇〇人あまりの日本人と日系アメリカ人は、アメリカの人口の〇・一％にも達しないマイノリティであった。しかし、教科書はその歴史を無視するどころか、複数の写真をのせ、そのマイノリティに対する迫害の歴史を詳述しているのだ。

他方、私たち日本人は、アメリカの多くの高校生が日本人移民の苦難の歴史を学んでいる事実についてほとんど知らない。世界でもっとも重要かつ強靭な同盟関係を堅持してきた日米両国の間に存在する、この共通の歴史的事象に対する教育方針の著しいズレを、私たちはどう受けとめるべきなのか。原爆投下に関する歴史教科書の記述を見ると、こうしたズレはいっそう拡大してしまう。

四ページにわたって解説される原子爆弾の投下

アメリカ通史の高校教科書『アメリカ歴史の野外劇』の第五部、「正義のための戦い（一九〇一～一九四五年）」は八つの章から構成され、全体で一九二ページが割かれている（教科書の本文総ページ数は一〇一二）。その最後の章「第二次世界大戦におけるアメリカ」（三二ページ）は、「連合国の勝利」の節で終わるが、その前段に、「原子爆弾（アトミック・ボムズ）」の節が四ページにわたって続く(3)。

最初の段落は次の文章で始まっている。「アメリカ政府の軍事戦略家たちは、日本本土の全面的な侵略を計画していた。だが、それには何十万人ものアメリカ兵と、それをはるかに上回る日本人の犠牲者が想定された。……一方、日本の暗号解読に成功していたアメリカは、日本政府がソ連に和平仲介を依頼していた動きを承知していた。……日本は空爆で焦土と化していたが、しかし、連合国側に無条件で降伏するという意思をまだ表明していなかった」。

アメリカ軍を中心とする連合国軍は、一九四五年二月のヤルタ会談以降、「ダウンフォール（破滅）作戦」と名付けた日本本土上陸作戦の準備に着手した。日本を降伏させるための最終決戦と位置付けられたこの本土上陸計画は、二つの作戦からなっていた。一つは、四五年一一月一日開始予定の九州南部上陸作戦（「オリンピック作戦」）で、その目的は、二つ目の作戦の関東上陸作戦（「コロネット作戦」）を遂行するために必要な飛行場を、九州に確保することであった。関東平野上陸と首都東京を完全制圧する「コロネット作戦」は、四六年三月一日開始を予定していた。

『アメリカ歴史の野外劇』は、日本の無条件降伏を要求する連合国のポツダム宣言と、日本側の降伏決断が遅れた事情などについて言及した後に、原子爆弾の製造から広島・長崎への投下へと、解説をすすめていく。そこでの中心は、「マンハッタン計画」と呼ばれた原爆製造計画の詳述である。

「アメリカはとてつもなく強力な奥の手を極秘に準備しようとしていた。一九四〇年代の初め、ヒトラーがポーランド侵攻を開始すると、アルバート・アインシュタインなどドイツ生まれの亡命科学者やアメリカ人の科学者は、原子爆弾の製造という秘策に着手するよう、ルーズベルト大統領に勧告した。使用目的の不明な二〇億ドルちかくの予算を大統領が連邦議会へ要求したのに対し、議会はほとんど何も知らされずにこれを了承した。多くの軍幹部は、〝教授連中の途方もないばかげた計画〟と、原爆製造計画に疑問を抱いていたが、一方でかれらは、ヒトラーの強い指示のもとで原爆開発に拍車がかかれば、ドイツがこの恐ろしい武器を先に手に入れるかもしれないと恐れていた。ところが、皮肉なことに、原爆製造計画は金がかかりすぎるとしてドイツは計画を断念し、また、このことは偶然であったが、アメリカの原爆製造が成功する前にドイツとの戦争は終わっていた。そして、これは残酷な運命のいたずらなのか、もともとの目標であったドイツではなく日本が、歴史上最初の被爆国家という運命に苦しめられることになったのだ」。

「(原爆製造の研究所が、ニューヨーク市内のマンハッタン街に設置されたことから)マンハッタン計画と名付けられた原爆製造計画は、アメリカの有する知識と工業力に最先端の科学技術を結合させ、急ピッチですすめられた。ナチスの迫害から逃れた亡命科学者やイギリスなどの技術能力も動員された。

そしてついに一九四五年七月一六日、専門家たちは、(ニューメキシコ州ロスアラモスで製造した)恐ろしいほど強力な破壊力を持つ原子爆弾を、同州アラモゴードに近い砂漠で、初めて爆発させた」。「(米・英・中の軍隊は日本に最後の打撃を与える準備を整えた。無条件降伏をのまなければ、連合国軍は日本と日本軍を完全にせん滅するとした)ポツダム宣言の脅迫は、日本が無条件降伏を依然として拒否するなかで、実行されたのだ。一九四五年八月六日、一機のアメリカ軍爆撃機が日本の広島市上空から一発の原子爆弾を投下した。強烈な死の閃光が走り、煙突状の雲が立ち上がるなか、約一八万人が死亡、負傷、あるいは行方不明となった。そのうち約七万人が即死、六万人以上が火傷と放射能被害によりその後まもなくして亡くなった。しかし、狂信的な抵抗を続ける日本は、原爆破壊に直面したにもかかわらず降伏しなかった。八月九日、二発目の原子爆弾が長崎市に投下された。犠牲者は八万人の死亡、あるいは行方不明という残酷な結果となった」。

教科書は、「一九四五年八月の日本の広島」と題する被爆直後の広島市の写真をキャビネ版サイズで掲載し、こう説明する。「歴史上最初の原子爆弾のほぼ無限ともいえるほどの破壊力を、この写真は鮮明に示している。一発の原子爆弾が一三万人の日本人を殺戮《さつりく》したと推定される。このうちの多くの人びとは、放射線の被爆に苦しみながら数カ月の間に死亡したのだ」。

さまざまな見解〜原爆投下は正当だったのか

高校の教科書『アメリカ歴史の野外劇』は、原爆投下に関する解説のまとめとして、「さまざまな見解――原爆投下は正当だったのか?」と題する一ページの討議用資料を掲載し、原爆投下に関するアメリカ国内の賛否両論を具体的に記している。少し長くなるが、ここにその内容を紹介しよう（一部要約）(4)。

「第二次世界大戦の時代にまつわることで、一九四五年夏の対日原爆投下ほど激しい論争の的になってきたことはない。広島と長崎を焦土と化した、原爆投下に対する道徳上の疑念はいつまでも消えず、アメリカの軍事的な勝利という栄誉の輝きを、長期にわたって曇らせてきた。原爆投下には人種差別的な動機があったと、合衆国を責める批評家がいる。また、一九四五年までに崩壊寸前の状態へすでに陥っていた日本に対し、戦争終結のためとして歴史上もっとも恐ろしい武器を使用する必要はなかったとの批判もある。

（アメリカ生まれの政治学者）ガー・アルペロビッツら何人かの学者たちは、原爆投下は第二次大戦を終わらせるための最後の爆撃ではなく、新たに始めようとしていた冷戦の口火を切るための爆弾投下であったと非難する。すなわち、その非難は、トルーマン大統領は一九四五年の夏、（原爆の破壊力を見せつけることによって）ソビエト連邦を恫喝し、孤立させるため、降伏交渉を試みようとする日本政府の意図をわざと無視し、原爆投下以外のすべての代案を拒否したのだ、という指摘であった。アルペロビッツによれば、原爆投下には、日本を単に敗北させるためではなく、ソ連が極東へ侵入する前に極東での紛争を終結させ、それによって戦後のアジア再建政策のいかなる役割もソ連へ与えないというねらいがあった、ということになる。

これらの批判に対し、反論はある。（アメリカのジャーナリスト）リチャード・ローズは、米・英による核開発の研究はあくまでドイツでの研究に対抗して実施されたものであり、原爆が戦争の勝敗に果たす決定力を認識していた米・英は、ドイツが先に原爆を手にする前に、ドイツを原爆で敗北させようとしたのだと主張する。さらにローズは、たとえドイツが降伏する前に原爆が開発されていたとしても、ドイツの都市が広島や長崎のような悲惨な運命に直面することはなかったと結論づけられるような、信頼できる証拠はないと述べた。

また、一九四五年の初夏の段階で、何人かの日本の外交官がソ連に降伏交渉の仲介を依頼していたのは事実だが、日本政府がこの動きを全面的に支持していたのかどうかは疑問だと、（アメリカの日本史研究家）ロバート・ビュートーは指摘する。日本側は、（無条件降伏を受け入れずに）天皇制の維持や軍事的な本土占領の拒否、自らの一部占領地の保持などの降伏条件に固執していた。さらに、（長崎への原爆投下は不要だったとの批判に対し）ビュートーは、この攻撃によって、アメリカの広島への原爆投下は一回だけで、後は続かないとした日本側の当初の思い込みを、打ち消すことができたと解説する。長崎に原爆が投下された時点においてさえ、一部の日本軍幹部は敗北の受け入れを拒否していた。八月一四日の夜、かれらは皇居を襲撃し、翌日の天皇による降伏宣言を録音したレコードを奪おうとさえしたのだ。これが当時の日本の実態であった。

それでは、原爆使用の回避は本当に不可能だったのか。マーティン・シャーウィンやバートン・バーンスタインなどの（アメリカの歴史）学者の研究によると、当時こうした疑問を抱いた政治家はほとんどいなかった。ウィンストン・チャーチルは後年、こう書いている。〝日本を降伏に追い込むために原爆を使用すべきかどうかの決定は、（疑問が提起されるような）問題とならなかった。われわれ連合国側のテーブルには、統一した無意識の、疑う余地のない合意が存在していた。他の方法をおこなうべきだという提言を、わたしは一度も聞いたことがなかった〟。……アメリカの指導者たちは、可能なかぎり早期に戦争を終結させたかった。この目的を達成するためにかれらは、原子爆弾が製造されしだい、それをただちに投下することを想定していたのだ。その瞬間が一九四五年八月六日だった。

しかしながら、それ以来、第二次世界大戦を原子爆弾によって終わらせたことに対する疑問と自責の念が、アメリカ人の意識を悩ませてきた。一方、このことはあまり言及されてこなかったが、一九四五年、日本の約六〇の都市に対する通常兵器の空襲で死亡した非戦闘員の日本人は、広島と長崎で犠牲になった人びとより四倍も多かった。こうした人びとの死は、私たちに次のことを示唆している。すなわち、核兵器の開発や日本の二つの都市の無惨な破壊に対してだけではなく、ドイツやイギリス、アメリカ、そして日本自身も含めたいくつもの交戦国が、一般市民の人びとを合法的な軍事攻撃の対象に指定することを、いとも当然のごとく決定したことに対しても、私たちはより深い道徳的な疑問を抱くべきだということである」。

一方、高校の歴史教科書『アメリカン・プロミス』は、原爆投下支持の解釈に重きをおきながら、次のように述べる。「（ドイツ降伏後の一九四五年七月一六日、対日無条件降伏の勧告など、戦後処理問題を協議していたベルリン郊外でのポツダム会談の最中に、ニューメキシコ州での原爆実験成功の知らせを聞いたアメリカの）トルーマン大統領は、（この原爆を使うことによって）日本との戦争を早期に終わらせることができると判断した。……トルーマンにとっては、原爆投下によって戦争を早めに終結させ、それによってアメリカ兵の命を救えるのなら、原爆を使わない理由はなかったのだ。日本は、連合国軍の本土上陸を想定し、六〇〇万人以上の兵力をもって最後の戦闘に備えていた。アメリカ軍の指導者は、（日本の本土上陸作戦を実行すれば、沖縄戦での犠牲者約一万二〇〇〇人の二〇倍を超える）少なくとも二五万人のアメリカ兵が犠牲になると予想していたのだ」(5)。

また、別の教科書『アメリカ――歴史の概要　第五版』は、次のような解説をくわえる。「トルーマンは、日本への原爆投下を命令する前に、別の選択肢を検討した。それは、太平洋の離島に原爆を投下してその脅威を日本に知らしめ、降伏に追い込むという案であった。しかし、もしそれが失敗すれば、日本軍を増長させるだけだとして、この案は支持をえることがなかった。……また、（戦後の世界戦略で主導権を握ろうとするソ連に、アメリカの核保有力を誇示する必要性を認識しながらも、一方で）トルーマンやスティムソン（陸軍長官）、マーシャル（陸軍参謀総長）は、原爆開発と対日使用の両方に対する道徳上の批判が起こることを十分承知していた。……かれらの議論では、こうした道徳的な批判の問題を軽視することはなかったが、最終的には、日本本土への上陸によって、連合国軍と日本の双方に予想を超えるほど多数の犠牲者が生じかねないとの議論が、支配的となったのだ」(6)。

ただし、「原爆投下はこれ以上の犠牲者を出さないためだった」との解説を強調する教科書が、アメリカ国内で主流をなしているわけではない。世界史の高校教科書『ワールド・ヒストリー現代史』は、「資料に基づく評価――原爆使用の決定」と題する課題研究のページ(7)を設け、原爆投下に批判的な資料二点を、その二〇〇七年版からすでに掲載している。一つ目の資料はアメリカの歴史学者ハーバート・フェースの次のような指摘である。

「日本に対する空爆や海戦、機雷封鎖などの継続で戦争を長期化させるなら、連合国軍の何万もの兵士が犠牲になると、深い懸念をもって信じられていたが、しかし、戦争の長期化と日本本土への侵攻によって、もっとも多くの犠牲者を実際に出すのは日本の人びとであった。一九四五年三月、東京に対するアメリカ軍の一回の焼夷弾爆撃が、広島への原爆投下よりも多くの被害と死傷者をもたらしていたのだ」。

二つ目の資料は、アメリカの歴史学者サミュエル・ウォーカーの次の主張である。

「原爆を投下しなくても、アメリカ軍が九州に上陸する前に、日本は降伏していた。B29による爆撃で日本の都市は崩壊し、食料供給は枯渇、天皇や閣僚たちが懸念するほど国民は戦意を喪失し、不満を強めていた。原爆が投下されなかったとしても、天皇は、ある時点で、広島へ原爆が実際に投下された後と同じような、（ポツダム宣言の受諾を国民へ伝える）行動をとったものと考えられる」。

さらにこの教科書は、硫黄島と沖縄の戦闘で亡くなった日米両軍の犠牲者数の表とともに、アメリカ軍の空襲による日本の主要都市の破壊割合を地図に掲載したうえで、前述の二点の資料に示された歴史学者の論点を生徒たちに整理させ、「どちらの歴史学者の意見に賛成するか、第二次世界大戦に関する知識と関係資料を使って、あなたの意見を書きなさい」とする、「小論文課題」を提示している。

原爆投下の犠牲者数でもバラバラの『日本史B』

二〇一六年五月二七日にオバマ大統領を広島へ迎えたわが国では、その何週間も前から、テレビと新聞が原爆投下の歴史や、アメリカにおける退役軍人組織の「対日謝罪反対」の動きなどについて連日のように報道し、大統領の広島訪問の当日は、多くの国民が広島平和公園からの「実況中継」にくぎづけとなった。そして、被爆者の森重昭さんを静かに抱き寄せたオバマ大統領の姿に、胸をあつくした。しかし、原爆投下に関する日本史の教科書の取り扱いは、オバマ大統領の広島訪問に示したわが国のメディアの対応とは対照的に、戦後一貫して簡略化の姿勢をつらぬいている。二〇一四年度『日本史B』一九点のうち、広島または長崎への原爆投下の写真を一枚ものせない教科書が四点存在する。だが、この傾向は今に始まったのではなく、二〇世紀の時代から続いてきたもので、驚くに値しない。

一九五〇年代から八〇年代に出版された高校の日本史教科書のうち、三省堂の『日本史三訂版』（八一年発行）は、原爆投下について詳述する教科書の一つだが、その本文での解説は、「連合国側はこれを日本がポツダム宣言を拒否したものと認め、アメリカは一九四五（昭和二〇）年八月六日、世界最初の原子爆弾を広島に投下し、ついで九日に長崎にも投じた」という三行ほどの記述にすぎず、この本文を次の脚注で補足している。「原子爆弾は、一瞬にして大量の人命を奪う強力なものであっただけに、その被爆者数も正確にはつかめていないのが実情である。広島市の推計によると、一九五〇年一〇月現在、被爆の際二〇数万人にのぼる人びとが死亡し、被爆して生存していた人は一五万七五七五人となっている。また長崎市は、一九五〇年七月現在の調査によって、被爆の際の死者七万三八八四人、被爆して生存していた人は七万四九〇九人と発表した」(8)。

二〇一四年度使用の『詳説日本史』（山川出版）の解説もほぼ同じである。「ポツダム宣言に対して、〝黙殺する〟と評した日本政府の対応を拒絶と理解したアメリカは、人類史上はじめて製造した二発の原子爆弾を八月六日広島に、八月九日長崎に投下した」と述べ、これに、「広島・長崎の爆心地の惨状」と題する二点の写真と、「原爆は広島市中心部の上空で爆発し、約二〇万人が生命を奪われ、ついで長崎でも死者は七万人以上と推定されている。現在でも多くの人が放射能障害で苦しんでいる」(9)との解説がついている。

他の『日本史B』も短い解説で済ましており、多くの教科書が脚注で犠牲者の数などを補足している。しかし、写真の解説や脚注に記される広島・長崎の犠牲者の数は、教科書によってバラバラだ。東京書籍の『新選日本史B』は、「投下から数年以内に、広島では約二〇万人以上、長崎では約一四万人以上の人々の生命がうばわれたと推定されている」(10)と書き、明成社の『最新日本史』は、「原爆が投下された広島の惨状」と題する写真の解説のなかで、「一瞬にして約一〇万を超える人々の生命を奪った」(11)と記す。ちなみに、二〇一六年四月現在、広島市はホームページを通じて、「放射線による急性障害が一応おさまった、昭和二〇年一二月末までに、約一四万人が死亡したと推定されている」と公表し、長崎市原爆資料館は、「(長崎市原爆資料保存委員会の昭和二五年七月発表の報告として)死者七万三八八四人」とネット上に記している。

重要な歴史の情報を共有していない日米両国の教科書

日米両国の指導者たちは長年にわたり、強固な同盟と友好の絆を強調してきた。市民レベルでも多くのことを共有する努力が重ねられ、その関係はさらに強まっている。このこともまちがいのない事実である。しかしながら、少なくとも両国の歴史教科書を見る限り、日米が歴史的に重要な情報を共有しているとは到底いえない。アメリカの高校生は、原爆製造のマンハッタン計画から原爆投下にいたる詳しい経過を学ぶとともに、原爆投下に関する国内での賛否両論についても、考察する機会が与えられている。それは、アメリカの生徒一人ひとりが原爆投下に対する自分自身の評価と意見を作り上げていく機会だ、といってもよいだろう。

一方、世界で唯一の被爆国である日本の高校歴史教科書には、元々はナチスをせん滅するための手段として原爆製造に着手したというマンハッタン計画の目的についても、その計画を主導したのがアメリカへ亡命したドイツ系ユダヤ人の科学者たちであったことも、さらには、終戦以降、アメリカの社会で原爆投下への賛否両論が戦わされてきた事実とその内容についても、いっさい書かれていない。記述が極端に簡略化されているのだ。

二〇一四年度使用の『日本史B』の教師用指導書を見ても、アメリカの教科書ほど詳しい解説は見当たらない。原爆開発について、明成社の『最新日本史教授資料』(二〇一三年)は、「オッペンハイマー博士の提案により製造された原子爆弾は、昭和二〇(一九四五)年七月一六日、ニューメキシコ州ロスアラモスで実験に成功した」(12)と解説する。また、原爆投下の目的について、山川出版社の『日本史教授資料研究編』(二〇一三年)は、「ソ連参戦を前にして原爆の威力を示し、対日戦のヘグモニーを誇示し、戦後世界における対ソ戦略上の優位を獲得しようとしたもので、原爆投下はまさにロシアとの冷戦の最初の主要作戦であった」(13)と述べるが、それ以上突っ込んだ解説はなされていない。

原爆投下に関して多くのアメリカ人が学ぶ歴史的な事実について、被爆国の日本人は、日本史の教科書を通じて知ることができない。それが実態なのだ。アメリカでの世論調査で、広島・長崎へ原爆を落としたのはアメリカ兵の命を救うためだったと回答するアメリカ人が、依然八〇%を超えることを知らされても、その数値の意味と背景をとっさに理解できる日本人は多くないだろう。これも、歴史認識の共有化に努めてこなかったためかもしれない。

広島と長崎の悲劇をくりかえしてはならないとして、日本は平和外交を積極的に推しすすめ、国民の多くはそれを支持してきた。しかし、おひざ元の高校で使う歴史教科書の原爆投下に関する中身は、諸外国へ胸をはって示せるようなものではない。二〇一六年五月二七日、広島を訪れたオバマ大統領は、「(原爆が広島市へ投下された) 一九四五年八月六日の朝の記憶を薄れさせてはならない」(14) と訴えたが、日本の歴史教科書は、原爆投下に関する記述をすでに相当薄めてしまっているのである。

国際化に対応したわが国の教育の在り方や教育の国際化の問題が、新聞などに登場し始めたのは一九九〇年代に入ってからであり、もはや二〇年以上がたっている。教育の国際化を重視する現行の高等学校学習指導要領（二〇〇九年施行）は、日本史の学習目標について、「我が国の歴史の展開を諸資料に基づき地理的条件や世界の歴史と関連付けて総合的に考察させ、我が国の伝統と文化の特色についての認識を深めさせることによって、歴史的思考力を培い、国際社会に主体的に生きる日本国民としての自覚と資質を養う」ことと定めた。そこでは、「世界の歴史と関連」づけた「総合的な考察」や、「国際社会に主体的に生きる自覚と資質」の養成を重視することが、教育の現場に求められたのである。

しかし、高校の歴史教科書における太平洋戦争に関する解説の簡略化、とりわけ広島・長崎の被爆に関する極端な略述は、学習指導要領が提示する日本史の学習目標の達成を叶えるものではない。

太平洋戦争に関する記述の簡略化については、文部科学省と歴史教科書の執筆者の間に暗黙の了解のようなものが存在するためなのか。戦勝国アメリカの原爆投下や沖縄上陸、東京空襲などについては、戦後の日米友好関係をおもんばかるあまり、教科書では可能な限り略述するとの判断が働いてきたためなのか。

だが、たとえそうであったとしても、終戦から七〇年以上が過ぎ、アメリカの歴史教科書にはすでに大きな変化が生じている。また、日米両国政府は、程度の差こそあれ、情報公開の政策を推進してきた。アメリカの立場に配慮し、継続的な日米親善の発展を重視するなら、互いに戦い合った戦争の歴史について、両国の青少年たちがより多くの情報を共有することが、いっそう必要になっているのではないだろうか。歴史教科書の現状をこのままにしておけば、両国の市民レベルの歴史認識には、埋めることができないほど大きく、奇妙ともいえるような開きが生じてしまう。すでにそれが実態だといえるかもしれない。

ただし、太平洋戦争に関する歴史教科書の記述の簡略化という問題は、日米関係重視に基づくアメリカ側への「配慮」だけによってもたらされているのではないように思える。一方、この問題を、アジア地域への侵略の歴史の記述を「自虐的な歴史」ととらえる、教育の右傾化の結果だとみる向きもあろう。しかし、それだけがこの要因ではない。そこには、第一章から第二章で述べた、戦中・戦後の食料難に関する記述の簡略化や移民の歴史の無視などと共通する、日本の歴史教科書に内包される課題が存在しているのである。次の最終章で、その課題について考えていくこととする。

〔第三章の主な参考・引用文献〕

（1）Jackson J. Spielvogel（2007）, *World History Modern Times*, McGraw-Hill Companies, Inc., Columbus, Ohio, pp.703-704 and p.789.
（2）David M. Kennedy and Lizabeth Cohen (2013), *The American Pageant*, Cengage Learning, Wadsworth,

p.801。
（3）前掲（2）の八一九～八二一頁、八二五頁。
（4）前掲（2）の八二五頁。
（5）James L. Roark (2012), *The American Promise: A History of the United States Fifth Edition*, Bedford/St. Martin's, Boston, MA, p.856.
（6）James A. Henretta and Rebecca Edwards (2012), *America: A Concise Histroy Fifth Edition*, Bedford/St. Martin's, Boston, MA, pp.752-754.
（7）Elisabeth Gaynor Ellis and Anthony Esler (2007), *World History: The Modern Era*, Pearson Education, Inc., Boston, MA, p.599.
（8）稲垣泰彦ほか三名（一九八一年）『日本史三訂版』三省堂、三一三頁。
（9）老川慶喜ほか一〇名（二〇一四年）『詳説日本史』山川出版社、三六八頁。
（10）小風秀雅ほか九名（二〇一四年）『新選日本史B』東京書籍、二二六頁。
（11）渡部昇一ほか二二名（二〇一四年）『最新日本史』明成社、二六六頁。
（12）最新日本史教授資料編集委員会（二〇一三年）『最新日本史教授資料』明成社、六九〇頁。
（13）日本史教授資料研究編編集部（二〇一三年）『日本史教授資料研究編』山川出版社、三九八頁。
（14）朝日新聞「オバマ米大統領広島演説（全文）」（二〇一六年五月二八日）

第四章　支配者のための歴史教科書から私たちのための歴史教科書へ

第一章ですでに述べたように、高校の歴史教科書が戦中・戦後の食料難に関する記述を簡略化し、人びとの窮乏と苦難の歴史を薄めてきた背景には、「歴史を暗く書くな」とする教科書検定の指導が強く影響してきた。また、教科書が移民の歴史をほとんど無視し、原爆投下についても極端な略述で済ましてきた裏側では、権力者側にとって不都合な歴史を可能なかぎりそぎ落とし、歴史は広く、浅く教えるという、基本的な教育方針がつらぬかれてきたものと考えられる。別の言い方をするなら、戦後の歴史教育は、移民という名の棄民政策や戦争という歴史の暗部よりも、戦後の経済復興と貿易拡大による驚異的な経済成長の明るい部分に、より多くの光を当ててきたともいえるだろう。

権力者側にとって不都合な事象を略述、あるいはほとんど無視するような歴史の教科書がなぜ教育の現場で使用されてきたのか。それを可能としてきた要因は、安上がりの文教政策と、歴史教育に向き合う私たちの姿勢、考え方そのものにあったと、筆者は考える。

日本の歴史教科書の定価はアメリカの二五分の一

全国の小中学生へ教科書を無償で供与する制度は、一九六三年度から部分的に開始され、六九年度に完成した。「義務教育は、これを無償とする」とした憲法第二六条に基づき、教育費の保護者負担を軽減させるために実施されたもので、開始から半世紀近くになる。だが、制度は安定的に発展してきたわけではない。文部省（二〇〇一年より文部科学省へ改称）がその制度を開始して以来、生徒数は漸増し、教科書のページ増やカラー化などで定価が上昇したことにより、同省の教科書購入予算は増え続けた。このため、一九七七年度以降、財政制度等審議会では、教科書の無償供与を止め、有償化あるいは貸与制に変えるべきだとの議論が起こってくる。

一九九〇年代の初めにバブル経済が崩壊すると、教科書購入予算に対する縮減圧力はさらに強まる。小中学校の児童生徒数は八四年度の一七三七万人をピークに漸減へ転じ、教科書購入の予算も同年度の四五五億円から減り始めたにもかかわらず、その圧力は弱まらなかった。二一世紀に入ると、予算圧縮のしわ寄せは教科書定価の低廉化へむかっていく。「教科書の発行に関する臨時措置法」に基づき、小学校から高校にいたるまで、すべての検定教科書の定価は文部科学大臣の認可をえなければ決められない。つまり、教科書を無償で配布する政府側が購入価格決定の主導権を握るという枠組みのなかで、教科書の値上げはおさえ込まれてきたのだ。

教科書需要の総部数は一九五八年、二億三九〇〇万冊のピークに達したが、その後は減少へ転じ、二〇一五年には一億二六三五万冊、ピーク時の五三％にまで落ち込んだ。少子化によって教科書市場が年々縮小するなか、発行社は狭まる市場の奪い合いに奔走せざるをえなくなる。二〇一五年秋から一六年春にかけ新聞やテレビがたびたび報道した、教科書発行社による教師などへの金品提供などの不祥事の裏側では、発行社の熾烈な販売競争が展開されていたのである。

小中学校の教科書は無償配布にもかかわらず、その定価は公共料金とみなされ、「政策上公共料金として低廉とすること」(1)とされてきた。二〇〇二年六月、総理大臣の諮問機関である物価安定政策会議特別部会の基本問題検討会が、「公共料金の構造改革――現状と課題」のなかで、公共料金分野への競争導入の進展をふまえ、公共料金全般の低廉化にむけた政策推進を打ち出したことが、その後の教科書定価のおさえ込みに大きな影響を与えたのである。

そのため、教科書協会の資料によると、二〇〇二年度から一六年度までの一五年間に、東京都内の最低賃金(〇二～一五年度)は二八・一%アップし、東京都公立小中学校の給食費が一七・一%上がったにもかかわらず、小中学校の教科書の平均定価は一四・九%の引き上げにとどまり、高校の教科書にいたっては、一・二%アップにおさえられた(2)。

ところが、この間に教科書の総ページ数はのきなみ増えた。一九九〇年代からの「ゆとり教育」が学力低下をもたらしたとして、二〇一一～一三年度に小中高の学習指導要領が大幅に改訂された。その結果、「脱ゆとり教育」への方針転換のもと、小学校の教科書の平均ページ数は三四・二%増(〇五～一五年度)、中学教科書は三〇・五%増(〇六～一六年度)、そして高校教科書(主要六教科)は一九・五%増(〇六～一五年度)となった。しかし、文科省が支出した教科書購入費を児童生徒一人当たりの年間費用で見ると、〇六年度から一六年度の間に、小学生で三一〇九円から三四一〇円への九・七%増、中学生で四五〇四円から四九四四円への九・八%増の伸びにとどまった。文教予算が全体的に抑制されるなかで、教科書発行社はその経営収支の圧迫を余儀なくされてきたのである。

文部科学統計要覧(二〇一六年度版)によると、政府および地方自治体が支出した教育費の純総額

（地方交付税・国庫支出金等の重複分を除く）は、〇〇〜一三年度の間に二四兆二九六〇億円から二二兆九七二二億円へ五・五％減った。この間、行政費全体に占める教育費の割合も一五・九％から一四・〇％へ落ち、その傾向はその後も続いた。一六年度、政府の一般歳出予算の七・七％と、八％を割り込んだ文科省の文教予算（四兆四五八一億円）は、他の経済大国の教育予算と比べて十分なものとはいえない。

二〇一六年八月に世界銀行が公表した、一二年現在のGDP（国内総生産）に占める政府の教育費の割合に関する統計によると、日本の三・八％はイギリスの五・八％(一一年)、フランス五・五％、アメリカ五・二％（一一年）、そしてドイツの四・九％を大きく下回り、世銀の調査対象一〇二カ国の平均四・四％にもとどいていないのが実態なのだ(3)。

日米両国の公立小中学校における教師への補助態勢を見れば、教育費の格差は歴然としてくる。ワシントンにあるトーマス・B・フォーダム研究所が二〇一四年に発表した報告書、『隠れた半分の職員——授業を教えない学校の職員』によると、全米の公立小中学校に働く教師とその他の職員の総数は、一九七〇年から二〇一〇年までの四〇年間に、三三六万人から六二〇万人（一校当たり六二・七人）へほぼ倍増し、教師一人当たりの生徒数が二二・六人から一六・〇人へ減少した。また、学校で働く教職員全体に占める教師の割合が六〇・〇％から五〇・〇％（同三一・三人）へ低下する一方で、授業についていけない生徒への個別指導や、英語を母国語としない生徒への特別授業などを担当する「ティーチャーズ・エイド（補助教員）」の割合は一・七％から一一・八％（同七・四人）へ大幅に増え、「サポート・スタッフ（支援職員）」が三〇・九％から三〇・八％(同一九・三人）へと、その割合を維持した。

全米で一九〇万人を超える支援職員には、学校の総務・経理部門の職員やスクールバスの運転手、警備員、給食担当職員などにくわえ、「スクール・セクレタリー（学校の秘書）」と呼ばれる職員がふくまれる。「学校の秘書」は、生徒の出欠・成績などの記録とデータ入力から、授業での配布資料のコピー、教師の日程管理や行政府などへの報告書の起案、集金、父兄への連絡など、教師の秘書役として広範な作業を担当し、教師を補佐している。つまり、これらの秘書担当と全米七三万人の補助教員が、教師への支援態勢を組み、教師の仕事を生徒への教育に集中させようとしているのだ。秘書職員と補助教員の各一人が三人から四人の教師をそれぞれ補佐する。それがアメリカの実態といえる(4)。アメリカの教育行政は郡政府がになうが、税収の多い郡の学校では、教師に対するサポート・システムがさらに充実しているというから、驚かされる。

一方、日本の学校にも支援職員はいる。しかし、二〇一四年度、全国の公立小中学校で働く事務員や用務員、給食調理従事者などすべての職員（臨時を除く）を合計しても、その数は一〇万二五八人にすぎず、一校当たり三・三人しかいない（教師の数は、校長・臨時教員などをふくめ、一校当たり二三・三人）。それに、こうした学校職員は、教師のための秘書業務をになうという位置づけになっていない。これでは、日本の教師がさまざまな校務やクラブ活動の監督・指導に追われ、生徒への学習教育に全力投球できないのは無理もない。

ここで、話を教育予算の抑制と教科書の廉価という問題に戻し、本稿が検討してきた高校歴史教科書の定価を見てみよう。二〇一六年度使用の『日本史B』（平均三六四ページ）の定価は、〇三～〇七年度検定のもので八二〇円、一五年度検定のものは八二五円である。新書本や月刊誌とほぼ同水準にあるこの価格は、先進諸国の高校歴史教科書に比して異常ともいえるほど安い。たとえば、すでに何度か引用したドイツの教科書は、ドイツ現代史で二三～二七ユーロ、通史で四〇ユーロ前後（付加価値税抜き）であり、一五年度の平均為替レートで換算すると、日本円で約三〇〇〇円から五四〇〇円となる。本文だけでほぼ一〇〇〇ページに達するアメリカの高校教科書（通史）は一三〇～一七〇ドル、一万五〇〇〇円から二万円もする。ドイツの教科書は『日本史B』の三～六倍、アメリカのものは約二五倍もするのが実態である。両国では、州によって教科書の貸与や家庭の所得水準に応じた補助など、父兄の負担を軽減するためにさまざまな措置が実施されている。また、貸与制度のないアメリカの州や郡では、教科書古本のネット市場が拡大しているといわれる（ちなみに、教科書が無償配布される日本では、教科書の古書店はほとんどない）。

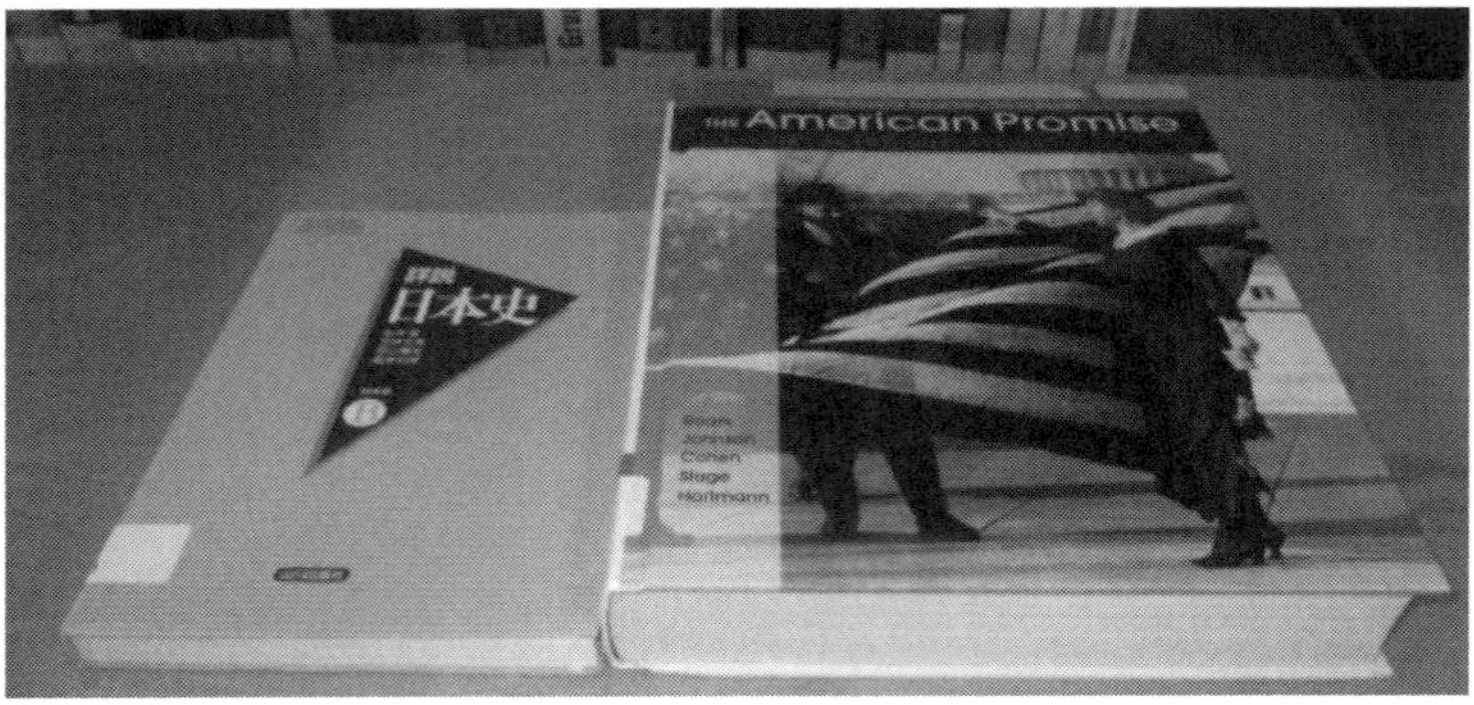

写真4　アメリカの高校歴史教科書『アメリカン・プロミス』(2012年、A4版1074頁）と、日本で最も詳細な解説で知られる山川出版社の『詳説日本史B』(2002年、A5版424頁）との比較（2014年6月筆者撮影、在ドイツ・ゲオルク・エッカート国際教科書研究所付属図書館にて）。

教科書の重量とその情報の質的水準が正比例するとは、一概に判断できないが、参考までに記すと、アメリカの高校歴史教科書（A四版）はページ総数が九五〇から一一五〇ページ、重量は二・四キロから二・五キロと、ドイツの高校教科書（通史、約六六〇ページ、一・五キロ前後）の一・六倍、『日本史B』のなかでもっともページ数の多い山川出版社の『詳説日本史』（二〇一二年、四五六ページ、五四〇グラム）の四・六倍である（写真4参照）。原爆投下に関する日米両国の教科書の記述については、第三章で詳しく述べたが、その量的および質的な差は、まさに両国の教科書が有するこの情報量の差そのものに起因しているのである。

日独の歴史教科書間に存在する質的な差

日本の歴史教科書はドイツの教科書に比べても見劣りがする。ドイツの高校歴史教科書と『日本史B』の内容に関する具体的な比較をとりまとめた（表）を参照してほしい。これは、二〇一四年度、両国の高校で多くの大学進学志望の生徒が学んだ歴史教科書をそれぞれ三冊ずつ抽出し、ヒトラー・ナチスの台頭から第二次世界大戦の終結にいたる、一九二〇～四五年の時代に関するドイツの教科書の解説と、この時代とほぼ一致する、一九一九～四五年の日本における第一次大戦の戦後恐慌から太平洋戦争敗戦までの時代に関する『日本史B』の解説とを、ページ数や掲載資料などの点数によって比較したものである。

両大戦間の政治経済の変化から始まり、第二次大戦の終結にいたる歴史の展開に対し、ドイツの教科書は『日本史B』の三倍以上のページを割き、数多くの写真や絵図・資料を掲載する。一ページの行数は、『日本史B』（B五あるいは拡大版）の二九〜三四行に対し、ドイツの教科書（A四変形）は五〇行におよぶ。その情報の量と質の深みを『日本史B』に比べると、そこには、両国の教育制度の違いでは説明しきれないほどの差がある。特に歴史的に重要な資料や文献の引用、新聞記事、回想録など、さまざまな資料の掲載という点で、ドイツの教科書は日本の教科書を大きく引き離している。

たとえば、ドイツの教科書の多くは、同国の戦後統治などに関して協議した米・英・ソ三カ国のポツダム会談（一九四五年七月）と、ドイツ統治の取り決めに関する「ポツダム協定」の条文について詳しく解説する。一方、米・英・中三カ国が日本へ提示した「ポツダム宣言」（同年七月）について、二〇一四年度『日本史B』一九点のうち、一八点が宣言の資料をのせるが、それらは、日本の無条件降伏勧告などの主要な条項を短い要約文に紹介するだけで、詳しい解説もない。同宣言の一三条項のうち、掲載される条項数は教科書一点当たり平均三・九にすぎず、「無条件降伏を受諾しない場合の連合国軍の軍事力行使は日本と日本軍の完全な壊滅を意味する」とした第三条や、「日本国領域内の占領」に関する第七条、「占領軍の撤退条件」を示した第一二条などの重要条項が、すべての教科書にのっているわけではないのだ。日本を終戦に導いたこの重要文書が、そのほんの一部の略述で済まされているのが実態である。

また、他の多くの重要事項についても詳しい記述はなく、文献や当時の新聞記事、人びとの回想記などを引用して解説に深みを持たせる工夫もきわめて限られている。『日本史B』にもいくつかの新聞記事は掲載されているが、それらはすべて小さな写真であり、見出ししか読めない。（表）に示した『日本史B』三点が掲載する「資料」には、「帝国、米英に宣戦を布告、英米の暴政を排し東亜の本然を復

（表）　大戦間から第二次大戦終結までの時代に関する高校歴史教科書の解説ページおよび写真･絵図・資料の掲載数の日独比較について（注参照）

ドイツの高校歴史教科書	ページ数	写真	絵図	資料
クレット社の『歴史と出来事』（2013 年発行、A4 変形版）（Franziska Clemen und Michael Sauer, Geschichte und Geschehen, Klett, Leipzig, 2013, pp.110-167）	58 ページ	52 点	17 点	64 点
ブーフナー社の『あのころの時代 3』（2014 年発行、A4 変形版）（Dieter Brückner und Harald Focke, Das waren Zeiten 3 Ausgabe Thüringen, C.C. Buchner, Bamberg, 2014, pp.101-167）	67 ページ	57 点	23 点	85 点
ヴェスターマン社の『ジムナジウム歴史 3』（2014 年発行、A4 変形版）（Christopher Andres und Ulrich Baumgärtner, ANNO 3 Geschichite Gymnasium, Westermann, Braunschweig, 2014, pp.102-173）	72 ページ	59 点	37 点	47 点

日本の高校歴史教科書	ページ数	写真	絵図	資料
山川出版の『新日本史』（2014 年発行、B5 変型版）（大津透ほか 3 名『新日本史』、山川出版社、2014 年、pp.298-325）	28 ページ	14 点	11 点	8 点
清水書院の『日本史 B 最新版』（2014 年発行、B5 版）（荒野泰典ほか 9 名『日本史 B 最新版』、清水書院、2014 年、pp.216-238）	23 ページ	44 点	8 点	21 点
東京書籍の『新選日本史 B』（2014 年発行、B5 版）（小風秀雄ほか 9 名『新選日本史 B』、東京書籍、2014 年、pp.210-228）	19 ページ	35 点	8 点	13 点

注 1　ドイツの高校歴史教科書の分析対象は「ナチス台頭から第二次世界大戦の終結まで（1920～45 年）」、日本の高校歴史教科書『日本史B』は「戦後恐慌から太平洋戦争の終結まで（1919～45 年）」とした。

注 2　写真は人物・戦場等の写真、絵図はカリカチュア・ポスター･地図・絵画、資料は文献引用・解説・新聞・日記・回想録・統計図表を示す。

す」との見出しをかかげる、太平洋戦争の開戦記事など、新聞の写真が二〜五点ふくまれる。しかし、記事の中身を読めないようなものでは、資料としての価値はゼロに等しいとして、これらを「資料」から「写真」にカウントし直すなら、両国の教科書が掲載する資料数の差は五〜七倍、あるいはそれ以上に大きく開く。

こうした掲載資料の差が特に著しいのは、青少年の戦争とのかかわりの部分である。ドイツの教科書は、ナチスがいかに青少年たちを洗脳し、ユダヤ人迫害と戦争へ加担させていったかについて、多くの資料を使い、今の生徒たちへ詳しく語り継ぐ。そのために、四〜五ページを割く教科書も少なくない。

高校教科書『歴史の討論会』は、「すべての災いはユダヤ人がもたらした」と大書された教室の黒板の前にならぶ、着飾ったドイツ人の小学生たちの写真（一九三〇年代）とともに、当時、小学生だったユダヤ人女性の次のような回想記をのせる。「ユダヤ人の生徒に対する迫害の命令が学校へ通知されると、母の日の学園祭でわたしは、（インド・ヨーロッパ語族の）アーリア人種でないというだけで、みんなと一緒に歌を歌うこともできなくなりました。なぜわたしがいっしょに歌えないのか。わたしにも当時、母親がおりましたが、なぜ母の日の歌をわたしは歌うことができないのか。その理由は知っていました。わたしの母がユダヤ人だったからです」(5)。

この教科書は、ヒトラーの優生政策についても解説する。「ナチスの他人種排撃政策」と呼ばれたこの政策は、世界でもっとも優秀な民族であるドイツ人の血統を守るためとして、長身で金髪碧眼のドイツ人男女の結婚を奨励する一方、ユダヤ人や、ロマなどの少数民族、同性愛者などは、優生政策の障害になるとして絶滅を企てたものである。当時の学校はこの政策推進にもかかわっていた。その実態を解説する教科書は、鼻の高さなど、顔の骨相の測定検査を受ける女子高生の横顔の写真を掲載し、教室が非ドイツ人を排撃する場として機能し、ドイツ人の生徒たちがその迫害に直接参画していた事実を、今の生徒に伝えている。

さらに教科書は、当時の生徒たちがナチスの侵略戦争そのものに動員された事実についても、具体的に記述する。一九四〇年代に入って戦局が悪化すると、減少する兵力の補充要員として、ヒトラー青少年団の少年兵が数万人の規模で戦場へ送られた。高校現代史の教科書『時代と人びと』は、「(一九四二年以降、総力戦の名のもとに、) 子どもから青少年、それに高齢者までが〝国民の襲撃隊〟として召集され、高射砲部隊の補助者などとして戦場へ送られた」(6)と書く。また、「北欧戦線で戦死したヒトラー青少年団の隊員」などの題名をつけ、戦場に横たわる少年兵の亡骸の写真を掲載する教科書も少なくない。

一方、太平洋戦争で学業と青春の犠牲を強いられた、日本の青少年たちの苦難の歴史について『日本史B』は、学徒出陣と勤労動員、学童疎開をあげるが、ほとんどすべての教科書がそれぞれ一行ほどの略述で済ましている。そこには、日記や回想記などを通して、当時の青少年が登場することがほとんどないのだ。第一章で紹介したように、食べ盛りの少年少女たちが長期にわたって経験した戦中・戦後の飢えの苦しみについても、記述が薄められている。これでは、戦争の非人間性やむごたらしさを想起することが、今の生徒たちにとってますます難しくなるだろう。

『日本史B』の略述はこれらに限らない。一九四〇年の日・独・伊三国軍事同盟の締結の背景や日本側のねらい、四一年一二月八日の真珠湾攻撃による日米開戦にいたるまでの両国の交渉経過、それに四五年七月二六日のポツダム宣言黙殺から広島・長崎への原爆投下、敗戦にいたるまでの政府と軍部との確執など、太平洋戦争にかかわるすべての重要事項についても、『日本史B』の記述は概説である。商業科や工業科などの高校生が学ぶ『日本史A』は、近現代史を中心としながらも、その授業時間は『日本史B』の半分であり、太平洋戦争史の略述という点では、基本的に同じだ。教科書の低廉化政策のもとで、二度の世界戦争に関する歴史教科書の解説が、「世界大戦の概要」で済まされてきたのである。

廉価な歴史教科書は歴史の暗い部分、権力者にとって不都合な部分をそぎ落とし、「概略史の教育」をすすめるうえでは好都合なものだといえる。しかし、支配者に二度とだまされない、だまされた歴史をくりかえさない、そのための歴史教育を子供たちの世代へ望む国民にとって、「概略史」の安価な教科書はその期待に応えるものではないのである。

過去を批判的に問い直すための歴史教育

支配者にとって不都合な事象を略述、あるいはほとんど無視するような歴史教科書が、抜本的に改善されることなく、教育の現場で使われ続けてきた要因は、安上がりの文教政策の他に、もう一つある。それは、そうした文教政策を是とし、支持してきた、私たち国民の歴史教科書に対する向き合い方である。すなわち、歴史とは、為政者側が作るものであり、その教科書は政府や専門家から与えられるものだという思い込みのもとに、歴史の教科書の中身について、私たちはいわば、「まかせっきり」にしてきたのである。

第一章で述べたように、敗戦後の日本を支配した連合国軍最高司令官総司令部（ＧＨＱ）は、教育制度の改革を占領政策の一つの柱と位置付けた。その結果として、社会科が新設され、天皇崇拝や軍国主義の鼓舞に関する文言が、戦後の教科書から一掃されたのは確かである。だが、歴史教科書の編集について、その基本的な枠組みにまでＧＨＱが手をつけることはなかった。

文部省著作の中学歴史教科書『くにのあゆみ』（一九四九年）など、ＧＨＱが認めた戦後の教科書を見ると、それらは、第一章の「日本のあけぼの」から始まり、これに飛鳥・奈良から…江戸・明治、そして大正・昭和にいたる、ほぼ時代ごとに区分された章が続く。各章では、治世の仕組みやその政策展開、産業の発展、農民の暮らしなどが解説される、通史の教科書であった。そこでは、ほとんどの時代が支配者の都の名称によって呼ばれ、その都から展開された、民と領地を支配するための政策が解説の中心となった。江戸時代の章で、享保・寛政・天保の三大改革に多くのページが割かれるのは、その典型である。

しかし、このような歴史教科書の構成は、ＧＨＱの指示で新しく作られたものではない。軍国主義が教育現場へ強く介入してくる昭和の初期、一九三〇年代中頃までに、ほとんどこれと同じような教科書の構成ができあがっていたのだ。昭和初期と戦後の歴史教科書とを比べて見ると、各時代に関する記述の分量に差があり、「建国神話」から始まる昭和初期の教科書では、歴史上の重要人物に関する解説が多く、暮らしや産業、文化・芸術に関する記述が少ないなどの特徴はある。ただし、各時代における支配者の政策展開に関する解説重視という基本的な編集の枠組みには、両者の間に著しい差異を見出すことができない。

「歴史」という漢語は、国王や為政者の記録をつかさどる史（ふびと）ができごとをあまねく整理するという意味合いで、古くから使われてきた。「歴史」はもともと民の記録ではなかった。このため、歴史の教科では、為政者の記録を学ぶことに重点を置くよう、教科書は編集されてきたのだ。日本では、戦前も戦後も、その基本は変わっていない。そして、私たちは、そのことを当たり前のことのように思い込んできた。また、なぜ歴史を学ぶのか、子供たちの歴史の学習に何を期待するのかについても、私たちは、この思い込みを排して、自問することをしなかった。

イギリスの歴史学者E・H・カーは、その著『歴史とは何か』のなかで、「歴史とは、現在と過去との間の尽きることを知らぬ対話なのだ」(7)と述べた。過去にむかって問いかける際、今の社会がかかえる課題に疑問を抱かなければ、過去に起きた事象について適切に問うことはできない。同様に、過去から現在に問いかけるには、過去の社会が直面した課題について、その要因をつかんでおくことが必要であり、そうでなければ今の社会の問題をしっかりとらえることが困難となる。

ただし、権力者ではない私たちが、現在と過去との間のこのような対話を通じて歴史から学ぶためには、民を支配するために展開した為政者の政策を中心に編集するような歴史書では、役に立たない。支配者の政策によって民がどのような影響を受けたのか。人びとは暮らしを改善するため支配者にどう立ち向かい、苦難をのりこえてきたのか、あるいはのりこえられなかったのか。そうした人びとの生きざまを中心にすえた歴史書であってこそ、過去の人びとが直面した課題からより多くの有益な情報や経験を学ぶことができる。学校で学ぶ歴史の教科書も同じなのだ。

歴史の授業は何を目的とするのか。人間が過去になしてきた功績や誤りを学ぶことによって、未来への知恵をえるためだという答えもあろう。過去の成功や失敗から学び、同じ過ちをくりかえさず、成功をえられるよう備えるためだとの言い方もできる。

ドイツの首都ベルリンに近いザクセン・アンハルト州の高校歴史科学習指導要領は、こう述べている。「歴史上の事実や年号を可能な限り多く覚えることが歴史の学習だと、かつてはみなされていた。しかし、それは単なる年代記にすぎず、歴史を学ぶ目的ではない。歴史科を学ぶということは、歴史上のできごとを相互に有機的に結び付け、それらの事象の発端と推移、衰退と興隆、変化の過程などを明確に理解することである。すなわち、歴史科の学習の基本的な目的は知識の蓄積にあるのではなく、これらの知識を摂取し、消化することにある」(8)。

歴史を学ぶことで過去の情報を摂取するとともに、それらを消化することによって歴史認識と歴史的な思考能力を養い、その能力を社会に出てから役立ててほしい、自らの人生にも活かしてほしい。そう期待する教育関係者は、日本でも少なくないだろう。

だが、歴史を学ぶ目的には、もう一つ大事なことがあるように思える。それは、過去の歴史的な事象を人びとの目線、国民の目線でどれだけ批判的に問い直すことができるかどうか、である。換言すれば、権力者の悪政や失政によって人びとがいかにだまされ、苦難の時代を歩まされてきたのか、その歴史から学び、二度とだまされないための知恵と判断力を身につけることが、歴史の学習の大切な意義の一つなのだ。「知識を摂取し、消化する」ことによって歴史的な思考能力を養うことには、そうした知恵と判断力を身につけることも含まれていると、筆者は考える。

しかし、民を支配するための政策展開を重視するあまり、その政策によって民衆が受けた影響や民衆の対応策など、人びとの歴史を軽視するような教科書では、現代に生きる人びとの社会と、過去に生きた先人たちの社会との比較を通じて、生徒たちがそうした歴史的な思考能力を養うことは困難だろう。支配者の記録を中心に歴史を学ぶのであれば、それは、過去の歴史を批判的に問い直す能力を育むのにも、過去から学び将来へ備えるのにも、資することは少ないのである。

人びとを中心にすえた国民のための歴史教科書へ

私たち日本人にはともすると、歴史教科書の問題を、太平洋戦争の歴史認識に対する韓国や中国からの反発という、外交問題の視点からとらえる傾向がある。また、歴史教育を愛国心とむすびつけ、政治的な議論の対象にすることに、多くの人びとはそれほどの違和感を覚えることもない。しかし、歴史教育をそのようにとらえること自体がすでに、「支配者の視点」となっているといえるだろう。こうした傾向も、歴史は権力者が作り、歴史の教科書も政府と専門家が作るものと、私たちが考えてきたことの裏返しと見ることができる。

そうした「支配者の視点」を市民の目線、人びとの視点へ変革していかなければ、いままでの歴史の教科書が書く太平洋戦争の「概略史」を、「太平洋戦争における国民の歴史」へ書き直すことはできない。太平洋戦争が「概略史」のまま、今後も生徒たちへ語り継がれていくのであれば、銃後の社会を支えた女性たちの苦悩も、犠牲となった学徒動員兵や満蒙開拓青少年義勇兵たちの、少しもおう歌することなく散った、悔やみきれない青春の記録も、歴史に埋もれる化石となり、多くの人びとから思い起こされることもなくなる。それは、いつのまにかに戦争の歴史そのものが「化石化」することへつながりかねないのである。

また、「支配者の視点」で歴史の教科書をこのまま編集し続けるなら、国策に振り回され、あげくのはてに国家から棄民された移民の歴史を、日本史の教科書のなかにしっかりと位置付けることがさらに難しくなっていくだろう。アメリカや、ブラジル・ペルーなどの中南米諸国へ移住し、差別と迫害の屈辱に耐えながら生き抜いた数百万人の移民と家族の歴史も、大農場主を夢見て満州へ渡り、二度と日本の地を踏めずに犠牲となった開拓農民たちの歴史も、「化石化」してしまう。

戦後から今日にいたる現代史についても、同様のことがいえるだろう。高校の教科書『日本史B』のほとんどは、「高度成長の時代」や「経済大国日本」などの章を設け、戦後の経済復興から驚異的な高度経済成長をとげ、アメリカに次ぐ世界第二位の貿易国、世界最大の債権国家へ躍り出た、わが国の戦後史を輝かしくえがいている。その過程で日本が直面した、公害問題や石油ショック、アジアの通貨・金融危機など、さまざまな課題についても教科書は触れるが、そこにえがかれる戦後史の基軸は、工業発展と輸出拡大を基本とした日本国の経済発展である。

しかし、経済発展の実現に貢献した人びとが、そこにはほとんど登場しない。一九五〇年代中頃から七〇年代初めまでの二〇年ちかくの間、日本経済は、ほぼ毎年年率一〇%以上の経済成長をとげた。六四年の東京オリンピックや七〇年の大阪万博開催にむけた特需もあって、六八年には国民総生産（GNP）が当時の西ドイツを追い抜いて世界第二位となり、日本の急速な高度成長の実現を「東洋の奇跡」と、世界中が驚嘆した。だが、この「奇跡」を実現したのは、日本政府でも、保守一党優位の五五年体制でもない。もちろん、繊維・化学・機械・建設・造船・自動車工業などの大企業だけが、それを達成したのでもない。大企業をささえた数十万もの下請け工場や、三〇〇万を超える中小企業で働いていた一五〇〇万人以上の労働者たちが、高度経済成長の実現のために果たした貢献を忘れてはならない。

一九五〇年代から六〇年代にかけ、家庭の経済的な事情などから高校への進学を断念して就職した中学卒業生は、毎年四〇万人から五〇万人もいた。高校への進学率がまだ五〇％前後の時代である。当時は毎年四月になると、六万人から七万人もの一五～一六歳の少年少女たちが、集団就職列車で東北地方や九州などの農村を離れ、東京や大阪などの工場や小売業、飲食店などの職についた。こうした集団就職者をふくむ若年労働者が経済発展に果たした貢献にこそ、特に高校の歴史教科書は十分な光を当てる必要があるだろう。中学卒業の就職者を当時のマスコミは「金の卵」ともてはやしたが、中卒者のほぼ半分が働かざるをえなかった背景には、農村の過剰人口問題や都市との経済格差、それに、都市部の小売業や飲食店、下請け工場が直面した深刻な人手不足に象徴される、日本経済の「二重構造」問題などがあったのだ。

一千万人を超える農民たちも、経済成長のために役割を発揮した。食料増産に励み、数千万人の労働者とその家族に対する食料供給の安定化を、終戦から一九五〇年代末頃までの短期間に実現したのだ。自営農業従事者は、一九五五年の一九三二万人から七〇年の八四三万人、八〇年の六〇四万人へと減少したが、農業生産者とその家族は、工業部門が生産した肥料や農薬、飼料や農業機械などを購入して大幅な食料増産を達成すると同時に、都市部で生産された衣類や電化製品、自動車などの購入を通じて国内需要を継続的に増大させ、高度経済成長を地方からささえたのである。

高校の歴史教科書『日本史Ｂ』は、ＧＨＱの占領改革政策の一つとして、二次にわたる農地改革（一九四六～五〇年）を解説するが、四七五万戸の小作農の大部分を自作農へ転じさせた農地改革が戦後の食料増産に果たした役割については、ほとんどの教科書が何も触れていない。

農村の民主化を遅らせ、農業の生産性向上の足かせとなっていた不在地主が、この改革によって消えた。自作農の家族経営農家が、米や野菜や畜産などの、農協の作物別部会に結集し、新たな農業技術を共有して生産増を競い合う。そうした動きの積み重ねが日本農業の生産性を向上させ、世界に誇る生産物の高品質を実現したといえるだろう。

その典型的な歴史を、北海道の農業に見ることができる。第二章で述べたように、明治以降の開拓政策は混迷し、寄生地主がはびこるもとで、北海道開拓は戦前の食料問題を解決するための切り札にならなかった。しかし、戦後の農地改革による自作農の誕生が大きな引き金となり、北海道の農業産出額は一九六〇〜九〇年の三〇年間に八・五倍にも増大した。それは、同期間における全国平均の六・〇倍を大きく引き離すもので、その農業産出額が全国の一〇％を超えた九〇年代中頃から、北海道は日本の食料基地としての地位を盤石化し、今にいたっている。

他方、日本食ブームは今や世界各国へひろがり、かつては麺をすする音を嫌っていた欧米人の間でもラーメンファンが増えているほどだ。しかし、日本食の発展を農業生産者とともにささえ続けてきた漁民の歴史が、『日本史B』に登場するのは、古代から現代にいたるまで、ほぼ皆無である。日本の海面漁業・養殖業の生産量は、戦後の農業生産の急拡大と同様、一九五六年の四五一万トンから八四年のピーク（一一五〇万トン）にむけて著しい増大をとげた。この実現に最も貢献した四二万人を超える中小漁民（自営漁業就業者、ピーク時の六四年）について、歴史の教科書は一行も書いていない。

高度経済成長は人びとの力の結集によって実現した。国家の主権が国民にあるように、歴史を作る主権も国民にある。支配者が自らを中心にすえて書く歴史ではなく、名もない多くの人びとを中心にすえた歴史こそ、学校の授業で生徒たちへ語り継いでいく必要があり、そのための歴史教科書を作っていかなければならない。本書で分析した欧米諸国と日本の歴史教科書の違いが、その必要性を明確に示しているといえるだろう。

歴史教科書の戦後はいまだに終わっていない

中央教育審議会（中教審、会長、北山禎介三井住友銀行取締役会長）は二〇一六年一二月二一日、学習指導要領の改訂方針をまとめ、松野博一文部科学相に答申した。ほぼ一〇年ぶりとなる同改訂は、英語のヒアリングや会話能力を養うために小学五～六年生が学ぶ現行の「外国語活動」を、三～四年生からの開始とし、五～六年生の英語を正式教科へ格上げする。また、小中高校のすべての教科に、討論やグループ研究などを通じて能動的に学ぶ、「アクティブ・ラーニング（能動的な学習）」が導入される。これらの改革が次期指導要領改訂の目玉とされたが、高校における日本史の必履修化も報道機関の注目を集めた。

一九九四年度適用の学習指導要領によって、高校の地理歴史科では世界史Aまたは世界史Bが必履修となり、地理A・地理B・日本史A・日本史B(9)については、そのうちの一科目が選択となった。ところが、地理歴史科の改訂に関する今回の中教審答申では、日本史Aと世界史Aが「歴史総合」へ、地理Aと地理Bが「地理総合」と「地理探求」へ再編され、「歴史総合」と「地理総合」をともに新たな必履修科目とする方針が示された。一方で、世界史Bは「世界史探求」へ、日本史Bは「日本史探求」

へ衣替えとなり、ともに選択科目となる。二〇一七年度中に高等学校の新指導要領が告示される予定だが、二二年度の入学生から、日本史が二八年ぶりに必履修科目へ復活することが確実となった。

中教審の答申によると、「歴史総合」は、①世界とその中における日本を広く相互的な視野から捉えて、近現代の歴史を理解する、②歴史の推移や変化を踏まえ、課題の解決を視野に入れて、現代的な諸課題の形成に関わる近現代の歴史を考察する、③歴史の大きな転換点に着目し、単元の基軸となる問いを設け、資料を活用しながら、歴史の学び方を習得する(10)、科目である。通史を基本とする今までの日本史とは違い、「歴史の大きな転換点」に着目し、国際的なつながりのなかで、日本の近現代史における主要な事象について、資料を活用しながら理解を深めるところに、「歴史総合」の特徴がある。

世界史と日本史を統合した新科目の創設を二〇一一年に提言した日本学術会議の分科会で、委員長を務めた油井大三郎・東京大学名誉教授は、「歴史総合の鍵は教科書と大学入試改革にある」との認識を示し、「科目統合は初めてで、教科書づくりなど相当の努力が必要だ。大量の答案を採点するため穴埋めのような問題ばかりだった大学入試の改革もセットにしないと、思考力育成型の歴史総合は成功できないだろう」(11)と指摘した。

中教審の教育課程部会のもとで二〇一五年一一月から一六年八月、大学教授や高校教師など二三人の専門家が「高等学校の地歴・公民科科目の在り方に関する特別チーム」を編成し、地理・歴史などの学習指導要領の改訂を検討したが、その検討会のなかでも、「教科書がはっきりと変わることが必要」(12)だとの意見が出ている。しかし、中教審の最終答申には、「歴史総合」の教科書の抜本的な改革に関する提案はもり込まれなかった。このため、文部科学省が同教科書の編集について特別な指示を出すことは想定されず、「歴史総合」の新たな教科書は、同じ二単位科目（年間七〇回の授業）である日本史Aの教科書（二〇一六年度使用一〇点の平均ページ数二二四、定価六六〇円）の枠を大きく超えることにはならないと予想される。

欧米諸国では、児童教育の段階からすでに広く採用されてきた、ディベート（討論）やグループ・ワークなどを駆使するアクティブ・ラーニングの教育手法を、日本が本格的に導入する。欧米型の教育へ日本の教育界が一歩ちかづいていくという意味で、今回の中教審の答申は画期的な判断であったといえる。しかし、「歴史総合」の必履修化にあたり、文科省が、その「主体的・対話的で深い学び」のアクティブ・ラーニングに資する教科書の編集について、現行の枠組みを超えるような抜本改革の方針を打ち出さない限り、権力者側にとって不都合な事象をそぎ落とした歴史の概略化、人びとを中心にすえない歴史の教科書という古い枠組みから、「歴史総合」の新教科書が脱することはできないだろう。

第一章で述べたように、終戦直後の一九四六年三月に来日した米国教育使節団は、日本の教育改革に関する報告書をマッカーサーへ提出し、学校体系の六・三・三・四制への改編や教育委員会制度の新設など、同使節団の勧告した改革案のほとんどが実現された。また、従来の日本の教育制度を「高度に中央集権化された十九世紀的なもの」と全面的に否定した使節団は、文部省が、国定教科書の著作・発行を通じ、終戦までの教育内容を支配してきた実態を根本的に改めるために、「教科書の作成並びに出版も一般競争に委ねられるべきである」として、教科書出版の自由化を勧告した。しかし、その提案はその後七〇年以上もの間、「お蔵入り」のまま、検討のそ上にのることさえなかった。アメリカをふくめ、多くの先進諸国が歴史教科書の改善・改革に取り組んできた一方で、日本は、中国や韓国など、政府が教科書作りへ直接介入するような諸国とそれほど大きく違わない状況に、まだとどまっている。これが「お蔵入り」の結果であり、ＧＨＱの教科書検閲の思想が、文科省の教科書検定という形に変わって今に引きずられているともいえる。

「憲政の神」、「議会政治の父」と呼ばれ、明治時代から戦後にかけて日本の民主主義の確立に尽力し、平和の実現を追求した衆議院議員の尾崎行雄（一八五八～一九五四年）は、その著「民主政治読本」（一九四七年）のなかで、四七年五月三日施行の日本国憲法について次のように述べた。「（日本国憲法は、）太平洋戦争による数百万の人の命と数千億円の戦費、…無条件降伏という不名誉を代償としてやっと手に入れた宝である。おそらく、世界中にこんな高い代償を払った憲法はないだろう。（占領軍から）ただでもらったなどと思ったら、バチがあたる」。

さらに尾崎は、「この憲法を正しく使いこなしていきさえすれば、日本が世界中から愛され、立派な平和国家になれることは一点の疑いもない」(13)と述べ、新憲法の理念を高く評価した。「高い代償を払ってやっと手に入れた」という意味では、米国教育使節団の報告書も同じである。にもかかわらず、その尊い代償のことはすっかり忘れ、私たちは、教科書出版の自由化という、同使節団の大事な提案を使いこなしていない。歴史教科書の戦後はいまだに終わっていないのである。

〈第四章の主な参考・引用文献〉

（1）（一般社団法人）教科書協会編（二〇一六年）『平成二八年度　教科書発行の現状と課題』、教科書協会、五頁。

（2）前掲（1）の五頁を参考とした。
（3）The World Bank（2016）, *Expenditure on education as % of total government expenditure*, のサイトより（http://data.worldbank.org/indicator/SE.XPD.TOTL.GD.ZS）（二〇一六年九月三日閲覧）。
（4）Matthew Richmond（2014）, *The Hidden Half: School Employees Who Don't Teach*, The Thomas B. Fordham Institute, Washington, D.C.（https://edex.s3-us-west-2.amazonaws.com/publication/pdfs/Hidden-Half-School-Employees-Who-Dont-Teach-FINAL_0.pdf）（二〇一六年九月五日閲覧）
（5）Franz Hofmeier und Hans-Otto Regenhardt（2014）, *Forum Geschichte 9/10 Vom Imperialismus bis zur Gegenwart*, Cornelsen Verlag, Berlin, p.123.
（6）Hans-Jürgen Lendzian（Herausgegeben）,（2012）, *Zeiten und Menschen: Nationalsozialismus und deutches Selbstverständnis, Geschichte-Oberstufe*, Schöningh, Paderborn, p.99
（7）E・H・カー著　清水幾太郎訳（一九六二年）『歴史とは何か』、岩波書店、四〇頁。
（8）Landes Sachsen-Anhalt（2003）, *Rahmenrichtlinien Gymnasium Geschichte Schuljahrgänge 5-12*, p.12（www.bildung-lsa.de/pool/RRL_Lehrplaene/geschgyma.pdf#search='Landes+SachsenAnhalt）（二〇一六年五月六日閲覧）
（9）「日本史A」は二単位（週二時間、年七〇時間）で、近現代中心。「日本史B」は四単位で、古代から現代までの通史を学習する。大学入試のセンター試験では、ほとんどの受験者が「日本史B」を選ぶ。
（10）中央教育審議会（二〇一六年）『幼稚園、小学校、中学校、高等学校及び特別支援学校の学習指導要領等の改善及び必要な方策等について（答申）平成二八年一二月二一日』、一三四頁。
（11）毎日新聞「次期学習指導要領・高校・歴史総合　大学入試改革が急務」（二〇一六年一二月二一日）
（12）文部科学省、「高等学校の地歴・公民科科目の在り方に関する特別チームにおけるこれまでの主な意見（未定稿）」のサイトより。（www.mext.go.jp/b_menu/shingi/chukyo/chukyo3/071/siryo/

attach/1370502.htm）（二〇一六年八月二六日閲覧）
（13）尾崎行雄著　石田尊昭編（二〇一三年）『民主政治読本』（復刻版）、世論時報社、五四～五五頁。

著者略歴

薄井　寛（うすい　ひろし）

1949年、栃木県生まれ、68歳。1972年大阪外国語大学外国語学部ビルマ語学科卒業、全国農業協同組合中央会（JA全中）ワシントン連絡事務所長、FAO（国連食糧農業機関）日本事務所次長、日本農業新聞常務取締役、JC総研（日本協同組合総合研究所）理事長、鯉淵学園農業栄養専門学校相談役などを経て、現在、エッセイスト。

（主な著書）
『アメリカ農業は脅威か』（家の光協会　1988年）、『西暦2000年における協同組合』（共訳、日本経済評論社　1989年）、『暗闘ウルグアイ・ラウンド』（ペンネーム宇都宮孝、家の光協会　1991年）、『２つの油が世界を変える－新たなステージに突入した世界穀物市場』（農山漁村文化協会　2010年）

歴史教科書の日米欧比較
—食料難、移民、原爆投下の記述がなぜこれほど違うのか—

2017年8月15日　第１版第１刷発行

著　者　薄井　寛
発行者　鶴見治彦
発行所　筑波書房
東京都新宿区神楽坂２－19 銀鈴会館
〒162－0825
電話03（3267）8599
郵便振替00150－3－39715
http://www.tsukuba-shobo.co.jp

定価はカバーに表示してあります

印刷／製本　中央精版印刷株式会社

ISBN978-4-8119-0515-0 C0037